Ulrike Brämer

Karin Blesius

Fit für die Berufsorientierung und Bewerbung

Arbeitsbuch mit Lernarrangements für Berufsorientierungs- und Bewerbungskompetenz

1. Auflage

Bestellnummer 143

verlag sol

1. Auflage 2012

by SOL-Verlag GmbH, München
www.sol-verlag.de

Text: Ulrike Brämer und Karin Blesius
ISBN 978-3-942264-14-3

www.sol-verlag.de
info@sol-verlag.de

Handhabung des Arbeitsbuches

Lern-situation

Das Arbeitsbuch enthält drei Lernsituationen zur Berufsorientierung, die jeweils mehrere Lernaufgaben beinhalten.

Warm-up

Jede Lernsituation startet mit einem Warm-up. Dabei werden die in der Lernsituation angestrebten Kompetenzen grafisch dargestellt, sodass Sie einen strukturierten Überblick bekommen, was Sie in den nächsten Unterrichtsstunden erwartet. Sie sollen den Lernstoff im Kontext sehen und neue Informationen in Ihr bestehendes Wissen integrieren. Sie erhalten schnell einen Überblick, welches Vorwissen Sie aktivieren müssen, um den Lernstoff möglichst effizient zu bearbeiten. Sie integrieren somit leichter neue Informationen in bestehendes Wissen.

Lernarrangement

Zu Beginn jeder **Lernaufgabe** steht eine authentische Situation, die Sie zunächst lesen und anschließend mit eigenen Worten konkretisieren.

Aus der Situation heraus, bilden Sie eine **Leitfrage,** an der Sie sich beim Erledigen des Arbeitsauftrages orientieren sollten. Bei der abschließenden Präsentation ist die Leitfrage ausführlich zu beantworten.

Der **Arbeitsauftrag** ist methodisch nach dem Modell der vollständigen Handlung (informieren – planen – entscheiden – ausführen – kontrollieren – auswerten) konzipiert.

Sie werden an die systematische Informationsbeschaffung und -verarbeitung herangeführt. Zu allen **violett markierten Begriffen** informieren Sie sich. Sie suchen über den Index (Schlagwortverzeichnis) nach Informationen in den integrierten Manualen (Theorieteil, Methoden, TV-Funktionen).

Recherchieren

Nachdem Sie neue Informationen erhalten und sich gedanklich damit auseinandergesetzt haben (Ich-Phase), tauschen Sie sich kooperativ aus, planen verschiedene Umsetzungskonzepte und entscheiden sich für einen Lösungsweg (Du-Phase). In der Regel führen Sie Aktionen alleine aus (Ich-Phase) und kontrollieren mit einem Partner die Umsetzung Ihres Lösungsansatzes (Du-Phase).

Im Plenum kontrollieren Sie Ihr Handlungsprodukt und werten Ihren Lernprozess aus. Hier soll nun konstruktiv das erarbeitete Produkt oder der Vortrag beurteilt werden (Wir-Phase). Nach der Präsentation eines oder mehrerer Handlungsprodukte sollten Sie dann ggf. Ihr eigenes Handlungsprodukt optimieren bzw. die eigenen Schlüsse daraus ziehen (Ich-Phase).

Kompetenz-Portfolio

In den letzten Lernaufgaben der Lernsituationen reflektieren Sie schriftlich Ihre erworbenen Kompetenzfelder und Lernstrategien. Einerseits setzen Sie sich noch einmal intensiv mit fachlichen Inhalten auseinander und andererseits reflektieren Sie Ihren Lernprozess.

Manual

Zur Unterstützung des selbstorganisierten Lernens stehen Ihnen in den Manualen Informationen zur Bewältigung der Arbeitsaufträge zur Verfügung. **Tipp:** Für ein schnelleres Verständnis lohnt es, sich vor Beginn einer Lernsituation einen Überblick zu verschaffen, indem Sie sich im entsprechenden Manual einlesen.

Vorwort

Liebe Lernende, liebe Leser,

wenn das Thema „Bewerbung" ansteht, fragen wir die Schüler(innen) nach ihrem Berufswunsch. Diese Frage wird von einem großen Teil der Klasse mit einem Schulterzucken beantwortet. Auch an Elternsprechtagen sitzen Schüler(innen) mit ihren Eltern oft orientierungslos vor uns und erwarten eine Antwort, wohin der Weg gehen könnte.

Jeder ist aber seines eigenen Glückes Schmied und muss für sich selbst entscheiden, wie er in der Regel die statistische Lebensarbeitszeit von derzeit 37,5 Jahren bestreiten wird. Sie erhalten sicherlich in Ihrem Umfeld viele Ratschläge, welche Berufe für Sie erstrebenswert sein könnten. Aber letztendlich müssen Sie ganz für sich entscheiden, wohin Sie wollen. Setzen Sie sich dazu möglichst frühzeitig Ziele, wie es für Sie nach der Schule weitergeht. Wer seine Ziele beizeiten setzt, geht folglich zielgerichtet vor und erreicht sein Ziel vor allem eher. Scheuen Sie nicht die Anstrengungen und den Aufwand, den Sie in die Berufsorientierung investieren sollten; es ist gut angelegte Zeit. Ist es nicht eine tolle Aussicht, mit einem Beruf belohnt zu werden, der Sie erfüllt und Ihnen Spaß macht?

Jedes Schuljahr erleben wir, dass Schüler(innen) nach kurzer Zeit ihre Ausbildung abbrechen. Wie enttäuschend muss es für einen jungen Menschen sein, wenn ein neuer Lebensabschnitt derart schnell beendet wird. Voller Erwartungen und Neugier beginnen viele Jugendliche ihre Ausbildung und sind dann nach kurzer Zeit überrascht und unzufrieden, weil der Beruf überhaupt nicht ihren Erwartungen entspricht. Ersparen Sie sich diese Enttäuschung, indem Sie schon während der Schulzeit Praktika in verschiedenen beruflichen Fachrichtungen wie Gesundheit/Soziales, Technik und Wirtschaft absolvieren, um in den wirklichen Arbeitsalltag hineinzuschnuppern und abschätzen zu können, ob Sie diese Tätigkeit über Jahre hinweg erfüllt.

Unzufriedenheit im Beruf kann krank machen. Die Zahl der psychischen Krankheiten wie Burnout nimmt dramatisch zu. Auch dies sollte ein Grund sein, sich intensiv mit der Berufswahl auseinanderzusetzen.

Wenn wir Schüler(innen) fragen, welche Kriterien für sie bei der Berufsauswahl entscheidend bzw. für die Zufriedenheit im Beruf wesentlich sind, werden Schlagwörter wie Geld, Arbeitszeiten, Tätigkeiten, die Spaß machen, nettes Kollegium, sicherer Arbeitsplatz etc. genannt. Priorität genießt der Punkt „Verdienst". Nun muss in der Regel ein gutes Gehalt bzw. ein hoher Lohn erst einmal erarbeitet werden. Aber nur wer glücklich mit der Wahl seines Berufes ist, kommt im Beruf auch weiter. Solche Mitarbeiter sind in der Regel hoch motiviert, engagiert und belastbar und eignen sich somit für verantwortungsvolle – in der Regel besser bezahlte – Tätigkeiten in einem Unternehmen.

Setzen Sie sich bei der Planung Ihrer beruflichen Karriere Meilensteine. So kommen Sie Ihrem Berufsziel schrittweise näher und können an Zwischenetappen Bilanz ziehen, ob Sie noch auf dem richtigen Weg sind.

Aus den gesammelten Eindrücken, die wir im Umgang mit unseren Schülern gewonnen haben, entstand die Idee, dieses Buch zum sukzessiven Kompetenzaufbau zur Berufs-orientierung zu schreiben.

In drei Lernsituationen haben Sie die Möglichkeit, Ihre Berufsorientierungskompetenz systematisch aufzubauen. In der ersten Lernsituation werden Sie sich Ihrer eigenen Stärken und Schwächen bewusst, um diese mit dem Anforderungsprofil einer potenziellen Stelle zu vergleichen. Ihnen wird der Nutzen von Praktika und deren Dokumentation aufgezeigt. Was kommt nach dem Schulbesuch? Kriterien für eine Ausbildung oder ein Studium werden dargelegt. Sie erhalten Anregungen, wie Sie an Informationen über mögliche Studiengänge und Ausbildungsmöglichkeiten gelangen.

In der zweiten Lernsituation erstellen Sie komplette und passgenaue Bewerbungsunterlagen. Damit Sie zu Ihrem Ziel kommen, trainieren Sie in der dritten Lernsituation verschiedene Formen von Eignungsprüfungen und Bewerbungsgesprächen.

Wir hoffen, es gelingt uns, Ihnen mit diesem Buch den Anstoß zu geben, Ihren Weg in die Arbeitswelt zielgerichtet zu planen und Ihren Traumberuf anzusteuern.

Mai 2012

Ulrike Brämer und Karin Blesius

Inhaltsverzeichnis

1 Lernsituation: Sich gezielt im Beruf orientieren 1

1.1 Lernaufgabe **2**
Welche Fähigkeiten spielen im Beruf eine Rolle? 2

1.2 Lernaufgabe **3**
Worin liegen meine Stärken und Schwächen? 3

1.3 Lernaufgabe **4**
Wie absolviere ich ein inhaltsreiches Praktikum? 4
Bewertungsraster – Praktikumsmappe 6

1.4 Lernaufgabe **7**
Welcher Ausbildungsweg eignet sich für mein Berufsziel? 7

1.5 Lernaufgabe **8**
Welche Berufsinformations-Veranstaltungen bringen mich näher zu meinem Berufsziel? 8

1.6 Kompetenz-Portfolio **9**
Welche weiteren Kompetenzen im Hinblick auf meine berufliche Zukunft habe ich entwickelt? 9

2 Lernsituation: Professionelle Bewerbungsmappen erstellen 10

2.1 Lernaufgabe **11**
Wie sieht ein aussagekräftiger, ansprechender Lebenslauf aus, damit der Personalverantwortliche aufmerksam wird? 11

2.2 Lernaufgabe **12**
Wie finden Sie Stellenausschreibungen, die Ihren Wünschen entsprechen? 12

2.3 Lernaufgabe **13**
Wie sehen passgenaue Bewerbungsunterlagen aus? 13

2.4 Lernaufgabe **15**
Welche Aspekte müssen bei einer Online-Bewerbung beachtet werden? 15

2.5 Lernaufgabe **16**
Wie bewerbe ich mich im Ausland? 16

2.6 Kompetenz-Portfolio **17**
Wie erstelle ich eine professionelle Bewerbungsmappe? 17

3. Lernsituation: Bewerbungsgespräche umfassend vorbereiten 18

3.1 Lernaufgabe **19**
Wie wappne ich mich für ein Telefoninterview? 19

3.2 Lernaufgabe **20**
Wie erziele ich von Anfang an den gewünschten Eindruck? 20

3.3 Lernaufgabe **21**
Wie funktioniert eine überzeugende Selbstdarstellung? 21

3.4 Lernaufgabe **22**
Wie trete ich in einer Gruppendiskussion überzeugend auf? 22

3.5 **Lernaufgabe** **24**
Wie wird mein Bewerbungsgespräch zum Erfolg? 24
3.6 **Kompetenz-Portfolio** **25**
Wie bereite ich mich auf ein Bewerbungsgespräch vor? 25

4 Manual für die Berufsorientierung 26

Berufsrelevante Kompetenzen **26**
Stärke-Schwäche-Profil 26
Persönliche Soft Skills 27
Praktikum **30**
Phase: Praktikum vorbereiten 30
Phase: Praktikum durchführen 30
Phase: Praktikum nachbereiten 31
Berufswahl **31**
Wege in den Beruf 31
Berufsausbildung 31
Sonderausbildung/Abiturientenausbildung 32
Duales Studium 32
Studium 34
Berufsinformations-Veranstaltungen **35**
Informationsveranstaltungen in Schulen 35
Ausbildungsmessen 35
Betriebserkundung 35
Informationsveranstaltungen an Universitäten/Fachhochschulen 35
Recruiting Days 36
Berufsinformationszentrum (BIZ) 36

5 Manual für die professionelle Bewerbung 37

Wege der Stellensuche **37**
Printmedien 37
Soziale Netzwerke 37
Homepage der Unternehmen 37
Jobbörsen 38
Personalberatungen 38
Unternehmensprofil **38**
Zielgruppenanalyse 39
Unternehmens-Auswertungs-Raster 39
Anforderungen an die Bewerbungsunterlagen **39**
Innere Form 39
Äußere Form 40
Lebenslauf **40**
Aufbau eines Lebenslaufes als Berufseinsteiger 41
Lebenslauf – Musterbeispiel 43
Aufbau eines Lebenslaufes mit Berufserfahrung 45
Lebenslauf - Musterbeispiel 47
Bewerbungsfoto **49**
Qualität 49
Form 49

Deckblatt **49**
Verbindliche Bestandteile 49
Unverbindliche Bestandteile 49

Bewerbungsanschreiben **50**
Aufbau eines Bewerbungsanschreibens 51
Stellenausschreibung (Ausbildung) 52
Bewerbung zur Ausbildung als Industriekaufmann 53
Stellenausschreibung 54
Bewerbung zur Industriekauffrau 55
Anlagen zur Bewerbung 56
Datei-Ordner für Bewerbungskorrespondenz 56
Bewerbungsmappe per Post 56

Online-Bewerbung **57**
Tipps zur professionellen E-Mail-Bewerbung 57
Digitale Bewerbungsunterlagen im E-Mail-Anhang 58
E-Mail-Bewerbung versenden 58
E-Mail-Signatur 59
Bewerbung mit Online-Formularen 59

Initiativbewerbung **60**
Telefonischer Kontakt 60
Kontakt über die Unternehmenshomepage 60

6 Manual für professionelle Bewerbungsgespräche 61

Telefoninterview **61**
Vorbereitung 61
Durchführung 61
Nachbereitung 61

Äußeres Erscheinungsbild **62**
Für Männer 62
Für Frauen 62

Eignungstest **63**
Online-Assessment-Center (O-AC) 63
Persönlichkeitstests 63
Assessment-Center (AC) 63
Selbstpräsentation 64
Gruppendiskussion 64
Planungsaufgaben 65

Vorstellungsgespräch **66**
Einstiegsfragen ins Gespräch 66
Erwartung an die angebotene Stelle 66
Flexibilität und Anpassungsfähigkeit 66
Lebenslauf und Ausbildung 67
Stressfragen 67
Abschluss des Interviews 67

Unzulässige Fragethemen bei Bewerber-Interviews **68**
Nicht erlaubt 68
Erlaubt 68

7 Methoden-Manual 69

Lernstrategien ... 69

Texte markieren ... 69
Strukturieren und Visualisieren ... 70
Checklistentechnik ... 71

Großmethoden ... 72

Leittextmethode ... 72
Gruppenpuzzle ... 73
Kugellager ... 74

Kreativitätstechniken ... 75

Brainstorming ... 75
Kartenabfrage ... 76
MindMaps ... 77

Medien gestalten ... 79

Plakate und Flipcharts ... 79
Overheadfolien ... 80
Sprache ... 81
Körpersprache ... 81
Anschauungsmaterial ... 81
Bühnenbild ... 81

8 Word-Funktionen 82

Dokument vorbereiten ... 82

Seite einrichten ... 82
Rechtschreibprogramm ... 82
Kopf- und Fußzeilen gestalten ... 83
Dokumentvorlagen erstellen ... 85

Dokument erstellen ... 86

Tabellen gestalten ... 86
Lebenslauf gestalten ... 88
Neue Seite einfügen ... 88
Tabstopp setzen ... 89
Aufzählung bzw.
Nummerierung einfügen ... 90

Dokument gestalten ... 91

Silbentrennung aktivieren ... 91
Grafiken und Bilder einfügen ... 92
Bildgröße verändern ... 92
Seitenzahl einfügen ... 93

Dokument drucken ... 93

Datei drucken ... 93
PDF-Datei erstellen ... 93

Literaturverzeichnis ... 94

Index ... 96

Arbeitsplan

Kompetenzen	⇨ Anhand von Selbst- und Fremdeinschätzung die vorhandene Personalkompetenz einordnen ⇨ Zielvereinbarung zur Förderung der Personalkompetenz treffen ⇨ Praktikaberichte zukunftsorientiert verfassen ⇨ Vertiefende Informationskanäle zum eigenen Berufsziel erläutern ⇨ Berufsweg und -ziel verteidigen
Inhalte	⇨ Hard Skills und Soft Skills ⇨ Selbst- und Fremdbeurteilung ⇨ Berufsorientierung und -wahl ⇨ Praktikum ⇨ Berufswege – Ausbildung oder Studium ⇨ Berufsinformations-Veranstaltungen
Lernstrategien/Methoden	⇨ Sich motivieren ⇨ Wesentliches erkennen ⇨ Informationen verarbeiten ⇨ Überzeugend präsentieren ⇨ Selbst- und Fremdbeurteilung ⇨ Gruppenpuzzle
Zeit	ca. 12 Stunden

Warm-up

Welche Anforderungen stellen Unternehmen an ihre Mitarbeiter?

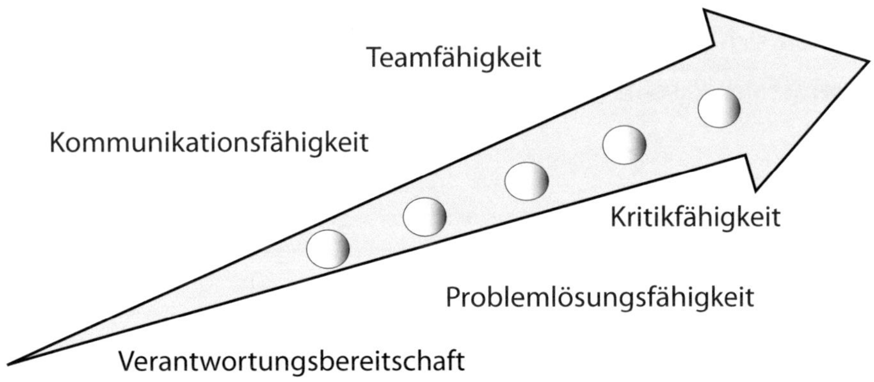

1.1 Lernaufgabe

Was kann ich? Was will ich? Was soll ich werden? Hochschule oder Berufsausbildung? Pilot oder Schlosser? Journalist oder Kaufmann? Die Frage Studium oder Berufsausbildung ist die zentrale Frage, über Sie möglichst früh nachdenken müssen, um die richtigen Weichen zu stellen. Sie kennen Ihre Lieblingsfächer und Ihre Interessen, aber kennen Sie auch die geforderten berufsrelevanten Fähigkeiten (Soft Skills)?

Welche Fähigkeiten spielen im Beruf eine Rolle?

Arbeitsauftrag

Einzelarbeit

1. **Lesen** Sie den Informationstext **Berufsrelevante Kompetenzen**.
2. **Markieren** Sie die Schlüsselwörter.
3. **Informieren** Sie sich ggf. im Internet über die Bedeutung der Fremdwörter.
4. **Gestalten** Sie ein klar strukturiertes Merkblatt zu den Hard Skills und Soft Skills.
5. **Strukturieren** Sie die Informationen in Tabellenform – **Tabellen gestalten**.

Partnerarbeit

6. **Vergleichen** Sie Ihre Ergebnisse – üben Sie konstruktive Kritik, d. h. machen Sie Ihrem Partner Vorschläge, was er besser machen kann, bzw. sagen Sie ihm, was ihm gut gelungen ist.
7. **Verbessern** Sie ggf. Ihr Merkblatt über Hard Skills und Soft Skills.
8. **Erläutern** Sie schriftlich drei Soft Skills an Beispielen aus dem eigenen Umfeld bzw. aus der Berufspraxis.

Gruppenarbeit (Vierergruppen)

9. **Stellen** Sie sich die Anwendungsbeispiele zu den Soft Skills gegenseitig vor. Entscheiden Sie sich für die vier aussagekräftigsten.
10. **Bereiten** Sie sich auf eine gemeinsame lebendige Präsentation vor.

Plenum

11. **Präsentieren** Sie Ihr Ergebnis.
12. **Beurteilen** Sie die Ergebnisse:
    - Merkblatt: Inhalt, Layout
    - Beispiele: anschaulich, realitätsnah

Einzelarbeit

13. **Korrigieren** Sie ggf. Ihr Ergebnis.

1.2 Lernaufgabe

Für eine erfolgreiche Bewerbung spielen die Soft Skills eine sehr wichtige Rolle. Die Hard Skills, also das Fachwissen, lassen sich in der Regel schnell antrainieren.

Anders verhält sich das mit den Soft Skills, die werden nur sehr langsam weiter entwickelt. Dies bedeutet, dass Sie sich Ihrer Soft Skills bewusst sein sollten, um diese entsprechend zu fördern. Zählen Sie einmal spontan drei Stärken und drei Schwächen von sich auf. Die Stärken fallen Ihnen sicherlich sofort ein – aber wie sieht es mit den Schwächen aus?

Worin liegen meine Stärken und Schwächen?

Arbeitsauftrag

Einzelarbeit

1. **Wählen** Sie aus den siebzehn genannten **persönlichen Soft Skills** mindestens zehn Faktoren aus und schätzen Sie Ihren jetzigen Stand ein (Optimalbereich = Stärke, Potenzialmangel = Schwäche, übertriebene Ausprägung = Schwäche).
2. **Erstellen** Sie eine tabellarische Übersicht zu Ihren Stärken und Schwächen.

Partnerarbeit

3. **Besprechen** Sie Ihre Stärke-Schwäche-Profile.
4. **Suchen** Sie gemeinsame Maßnahmen, um dem Optimalbereich Ihrer gewünschten Soft Skills näherzukommen.

Einzelarbeit

5. **Notieren** Sie drei überprüfbare verbindliche Zielvereinbarungen, die Sie in den nächsten beiden Monaten erreichen möchten.

Plenum (Stuhlkreis)

6. **Äußern** Sie sich zu den Fragen:
   - Warum ist regelmäßige Selbsteinschätzung sinnvoll?
   - Warum sollte ich meine Schwächen erkennen?
   - Warum sollte ich mir meiner Stärken bewusst sein?

Einzelarbeit

7. **Formulieren** Sie drei weitere Anwendungsbeispiele für Ihre Stärken.
8. **Heften** Sie Ihr Stärke-Schwäche-Profil in Ihr Portfolio ab und überprüfen Sie Ihre Zielvereinbarungen turnusmäßig.

1.3 Lernaufgabe

Um Ihre berufsbezogenen Fähigkeiten zu erweitern, haben Sie in der letzten Lernaufgabe Hilfestellungen bekommen, um systematisch Ihre Soft Skills zu fördern. Als weiterer Schritt, einen passenden Beruf zu finden, bieten sich im besonderen Maße Praktika in den drei Bereichen Gesundheit/Soziales, Technik und Wirtschaft an. Nur wenn Sie die Berufsfelder live kennengelernt haben, können Sie sich ein Urteil erlauben, ob diese Fachrichtung für Sie geeignet ist. Den größten Nutzen eines solchen **Praktikums** haben Sie aber nur, wenn Sie eine gründliche Vorbereitung, Durchführung und Nachbereitung vollziehen. Zwei- bis achtwöchige Praktikastellen sind in der Regel von den Unternehmen nicht ausgeschrieben, daher müssen Sie eine **Initiativbewerbung** verfassen.

Wie absolviere ich ein inhaltsreiches Praktikum?

Arbeitsauftrag

Einzelarbeit

1. **Informieren** Sie sich im Manual über den Artikel **Unternehmensprofil**.

Partnerarbeit

2. **Tauschen** Sie sich mit Ihrem Partner aus und legen Sie in ein **Unternehmens-Auswertungs-Raster** für die Suche eines Praktikumsplatzes an.

Phase: Praktikum vorbereiten

Einzelarbeit

3. **Recherchieren** Sie im Internet (Unternehmen, Jobbörse, Facebook ...) passende Unternehmen in Ihrer Umgebung, die für ein Praktikum Ihrer Wahl infrage kommen und erstellen Sie mithilfe Ihres Unternehmens-Auswertungs-Rasters ein kurzes Firmenporträt.
4. **Verfassen** Sie einen **Lebenslauf** und ein **Bewerbungsanschreiben für Berufseinsteiger**. Achten Sie darauf, dass Sie Ihr Anschreiben auf Ihr ausgesuchtes Unternehmen zuschneiden. (siehe Lernaufgaben 2.1 und 2.3).
5. **Stellen** Sie Ihre Bewerbungsunterlagen (Lebenslauf, Anschreiben, Zeugnisse) zusammen.
6. **Geben** oder mailen Sie zunächst Ihre Bewerbung einem Korrektor.
7. **Versenden** Sie Ihre **Bewerbung per Post** oder als **E-Mail-Bewerbung**.

Phase: Praktikum durchführen

8. **Erstellen** Sie vor Beginn des Praktikums eine Praktikumsmappe mit:
   - Deckblatt und Inhaltsverzeichnis
   - Erwartungen an das Praktikum

9. **Ergänzen** Sie während des Praktikums Ihre Praktikumsmappe mit
   - Berufsbild
     - Arbeitsplatzbeschreibung
     - berufliche Perspektiven
   - Vorstellung des Betriebes
     - Unternehmensziele
     - Leitbild
     - Struktur der Organisation
     - Rechtsform
     - Dienstleistungen/Produkte
10. **Beschreiben** Sie je nach Vorgabe zu einem Wahlthema einen betriebstypischen Arbeitsprozess von mindestens einer Berichtsseite. Geben Sie an den entsprechenden Stellen die Literaturquellen an oder fertigen Sie je nach Vorgabe der Schule Wochen- bzw. Tagesberichte.
11. **Sammeln** Sie für die Praktikumsmappe einige aussagekräftige Materialien aus dem Unternehmen.
12. **Lassen** Sie sich von dem Unternehmen ein Feedback geben und eine tätigkeitsorientierte Praktikumsbescheinigung.

Phase: Praktikum nachbereiten

13. **Schreiben** Sie nach dem Praktikum über Ihre persönliche Erfahrungen (Reflexion des Praktikums).
14. **Formatieren** Sie Ihre Praktikumsmappe – vergessen Sie nicht das Literaturverzeichnis und ggf. den Anhang (Materialien aus dem Unternehmen).
15. **Überprüfen** Sie Ihre Praktikumsmappe mithilfe des Kriterienkataloges „Praktikumsmappe" auf der nachfolgenden Seite.

Gruppenarbeit (Dreierteam)

16. **Tauschen** Sie sich über Ihre gemachten Erfahrungen in Ihrem Praktikum aus und visualisieren Sie Ihre Erfahrungen kurz und prägnant mittels eines Mediums Ihrer Wahl:

    Was ist gut gelaufen?
    Was nehme ich für meine berufliche Zielplanung mit?
    Was würde ich das nächste Mal anders machen?

17. **Bereiten** Sie sich auf eine gemeinsame lebendige Präsentation vor – teilen Sie sich die Beiträge gleichmäßig auf und benutzen Sie während des Vortrages Handzettel, um den roten Faden nicht zu verlieren.

Plenum

18. **Präsentieren** Sie Ihre Erfahrungsberichte von Ihren Praktika.
19. **Binden** Sie das Plenum in den Erfahrungsaustausch mit ein.

Bewertungsraster – Praktikumsmappe

Praktikant:

Praktikumsbetrieb:

Bewertungskriterien	Entspricht den Anforderungen	Entspricht nicht den Anforderungen
Pflichtbestandteile		
Deckblatt		
Persönliche Daten		
Inhaltsverzeichnis		
Erwartungen an das Praktikum		
Betrieb vorstellen		
Berufsbild		
Wahlthema/Geschäftsprozess (... Seiten - Literaturangaben)		
Persönliche Erfahrungen (... Seiten)		
Praktikumsbeurteilung (Unterschrift, Stempel vom Betrieb)		
Inhaltliche Anforderung		
Fachlicher Ausdruck der ausgewählten Aspekte entspricht in der Formulierung und im Umfang den Anforderungen (Fachbegriffe, Zusammenhänge, theoretischer Hintergrund)		
Die Quellen zu den Informationen sind angegeben		
Formale Aspekte		
Schriftart und -grad einheitlich		
Ansprechende Formatierung (Hervorhebungen, Grafiken ...)		
Silbentrennung, Rechtschreibung, Grammatik		
Inhalts-, Literatur- und Abbildungsverzeichnis		
Korrektes Zitieren der Quellen		

Die Praktikumsmappe entspricht den Anforderungen		
Die Praktikumsmappe muss ergänzt bzw. umfangreicher beschrieben werden.		

Ort, Datum

Betreuende Lehrkraft

1.4 Lernaufgabe

Sie haben die ersten praktischen Erfahrungen in einem Praktikum gemacht und Einblicke in Firmenabläufe erhalten. Vielleicht haben Sie ja auch schon Ihren Fachbereich gefunden, in dem Sie sich vorstellen können, mit „Herzblut" dabei zu sein. Sollten Sie bei Ihrer **Berufswahl** unsicher sein, so führen Sie am besten elektronische Eignungstests zum Beispiel unter: www.was-soll-ich-werden.de, www.arbeitsagentur.de oder www.testedich.de durch, bevor Sie mit dieser Lernaufgabe fortfahren. Der Beruf muss Ihnen Spaß machen und auf Ihre Talente ausgerichtet sein.

Die Fachrichtung steht für Sie im Groben fest, Sie müssen also als Nächstes die Entscheidung treffen, ob Sie eine Ausbildung oder ein Studium antreten. Viele Wege führen an das berufliche Ziel – es gibt heutzutage kaum eine Sackgasse mehr.

Welcher Ausbildungsweg eignet sich für mein Berufsziel?

Arbeitsauftrag

Stammgruppe (Dreiergruppe)

1. Teilen Sie sich auf, um sich über die möglichen **Wege in den Beruf** zu informieren: (A) **Berufsausbildung**, (B) **Duales Studium** und (C) **Studium**.

Expertengruppe

2. **Informieren** Sie sich einzeln über Ihr Expertenthema. Machen Sie sich Randnotizen.
3. **Tauschen** Sie sich mit den Experten aus und erstellen Sie eine **MindMap** zu Ihrem Ausbildungsweg.

Stammgruppe (Dreiergruppe)

4. **Erläutern** Sie nacheinander mithilfe der MindMaps die drei Ausbildungswege.
5. **Erstellen** Sie eine grafische Übersicht zu den Ausbildungswegen – machen Sie deutlich, welche Soft Skills Sie jeweils mitbringen müssen.
6. **Bereiten** Sie sich auf die Präsentation vor – jedes Gruppenmitglied begründet anschließend, welchen Ausbildungsweg es bevorzugt bzw. warum die anderen Möglichkeiten ungeeignet erscheinen.
7. **Planen** Sie eine Gesprächsrunde (Erziehungsberechtiger, Lebenspartner, Personalverantwortlicher etc.), in der Sie Ihren Ausbildungsweg verteidigen. Schreiben Sie Rollenkärtchen: a) Argumentation Ihres Ausbildungsweges b) Hinterfragung der Qualifikationen des argumentierenden Partners für den angestrebten Ausbildungsweg.

Szenario (Plenum)

8. **Gehen** Sie in die Gesprächsrunde. Argumentieren Sie, was Sie zu Ihrem angestrebten Ausbildungsweg bewegt bzw. hinterfragen Sie Ihre Gesprächspartner.
9. **Lassen** Sie sich vom Plenum ein Feedback geben.

1.5 Lernaufgabe

Mittlerweile haben Sie erfahren, dass Sie sich mittels Praktika eine Orientierung für Ihren zukünftigen Berufsweg verschaffen können und sich über Möglichkeiten einer Ausbildung oder eines Studiums informiert.

Um Ihr Berufsziel weiter zu konkretisieren, können Sie vielfältig angebotene Veranstaltungen besuchen, um sich über inhaltliche Aspekte und fachliche Ansprüche im Beruf und Studium, berufliche Entwicklungsmöglichkeiten sowie Arbeitsmarktaussichten zu informieren.

Welche Berufsinformations-Veranstaltungen bringen mich näher zu meinem Berufsziel?

Arbeitsauftrag

Einzelarbeit

1. **Strukturien** Sie (MindMap, Tabelle, Organigramm etc.) die verschiedenen **Berufsinformationsveranstaltungen**.

Tandem

2. **Vergleichen** Sie Ihre Ergebnisse und ergänzen Sie ggf.

Plenum

3. **Teilen** Sie innerhalb Ihrer Klasse die sechs Berufsinformations-Veranstaltungen auf, so dass jede mindestens einmal vertreten ist.

Tandem

4. **Recherchieren** Sie, welche aktuellen Angebote es in Ihrer Region für Ihre Veranstaltungsart gibt.
5. **Visualisieren** Sie die wichtigsten Fakten und bereiten Sie sich auf einen Museumsgang vor. Fragen müssen kompetent beantwortet werden.

Plenum (Museumsgang – ein Tandemmitglied präsentiert – das andere Tandemmitglied informiert sich)

6. **Erläutern** Sie Ihren Mitschülern Ihre Veranstaltung und beantworten Sie umfassend ihre Fragen.
7. **Diskutieren** Sie im Plenum über die Vor- und Nachteile solcher Berufsinformations-Veranstaltungen.
8. **Notieren** Sie, welche aus Ihrer Sicht für Sie infrage kommen.

1.6 Kompetenz-Portfolio

Die erste Lernsituation ist abgeschlossen, und nun möchten Sie in Ihrem persönlichen Kompetenz-Portfolio (Handlungsprodukte und Lernjournal) Ihre derzeitigen Kompetenzfelder reflektieren. Dazu setzen Sie sich erneut mit den Kerninhalten auseinander:

⇨ Der Einfluss meiner berufsrelevanten Fähigkeiten auf meine Berufswahl
⇨ Mein Stärke-Schwäche-Profil
⇨ Die Bedeutung des Praktikums und dessen Dokumentation
⇨ Mein Ausbildungsweg zu meinem Berufsziel
⇨ Möglichkeiten zu vertiefenden Erkenntnissen über mein Berufsziel

Welche weiteren Kompetenzen im Hinblick auf meine berufliche Zukunft habe ich entwickelt?

Arbeitsauftrag

Einzelarbeit

1. **Äußern** Sie sich aus den in der vergangenen Lernsituation gemachten Erfahrungen zu den einzelnen Inhaltskategorien des Kompetenz-Portfolios. Orientieren Sie sich an den Kerninhalten, nehmen Sie Ihre erstellten Handlungsprodukte zu Hilfe (Merkblatt, Stärke-Schwäche-Profil, Praktikumsmappe ...).
2. **Geben** Sie in der Einleitung wieder, womit Sie sich in dieser Lernsituation beschäftigt haben. Stellen Sie im Hauptteil Ihre Lernerfolge, -wege und -probleme dar. Ziehen Sie am Schluss ein Fazit und stecken Sie sich neue Ziele.
3. **Gestalten** Sie Ihr Portfolio leserfreundlich.

Jour fixe (Beratungsgespräch mit Lehrkraft)

4. **Erläutern** Sie anhand des Kompetenz-Portfolios (Handlungsprodukte und Lernjournal) Ihre Entwicklung.

Inhaltskategorien für Ihr Kompetenz-Portfolio

Ihre fachliche Weiterentwicklung: *Ich kann Hard Skills und Soft Skills ...*

Ihre persönlichen Erfahrungen, Erlebnisse und Einsichten: *Ich habe gemerkt, dass es mit Geduld besser geht. Es fällt mir leichter, wenn ich mir Notizen mache.*

Ihre (Lern-)Aktivitäten bzw. Lernstrategien/Arbeitsmethoden: *Ich machte mir Randbemerkungen. Ich strukturierte meine Gedanken zunächst mithilfe einer MindMap.*

Empfundene Behinderung des Lernens: *In der Gruppe herrschte Verwirrung. Es müsste besser erklärt sein.*

Wertungen, emotionale Äußerungen: *Besonders gefallen hat mir: ... Heute war mir alles zu viel.*

Schildern Sie innere Zustände wie Irritationen, Erleichterung, Spannungserleben etc.: *Ich fühlte mich unter Druck gesetzt. Ich hatte keine Meinung zu diesem Unterrichtsfach.*

Resultierende Hoffnungen, Erwartungen, Wünsche, Vorhaben: *Jetzt bin ich gespannt, wie es weitergeht. (Winter 2004, S. 259)*

Arbeitsplan

Kompetenzen	• Geeignete Stellenausschreibungen finden • Unternehmensprofil erstellen • Kompetenzorientierten Lebenslauf erstellen • Passgenaues Bewerbungsanschreiben verfassen • Online bewerben
Inhalte	• Unternehmensprofil • Lebenslauf • Bewerbungsanschreiben • Online-Bewerbung • Initiativbewerbung
Methoden/Lernstrategien	• Suchstrategien entwickeln • Informationen verarbeiten • Feedbackmethoden • Gruppenpuzzle • Kreisbrief
Zeit	• ca. 10 Stunden

Warm-up

Wie finde ich erfolgreich meinen Wunscharbeitsplatz?

Werbung in eigener Sache

2.1 Lernaufgabe

Es ist so weit. Die ersten Bewerbungen stehen an. Damit Sie gezielt nach Stellenausschreibungen suchen können, erstellen Sie zunächst einen kompetenzorientierten Lebenslauf. Dieser sollte aussagekräftige Daten enthalten, damit der Personalverantwortliche ein umfangreiches Bild von Ihnen erhält.

Außerdem sollten sich Ihre Bewerbungsunterlagen durch die innere und äußere Form von denen der Mitbewerber abheben. Daher erhalten alle Unterlagen für die Kontaktdaten ein einheitliches Layout, das von der Farbgestaltung und Schriftart Ihrem Typ entspricht.

Wie sieht ein aussagekräftiger, ansprechender Lebenslauf aus, damit der Personalverantwortliche aufmerksam wird?

Arbeitsauftrag

Einzelarbeit

1. **Informieren** Sie sich im Manual für professionelle Bewerbung über die **Anforderungen an die Bewerbungsunterlagen** und den **Lebenslauf**. Machen Sie sich **Randnotizen**.

Partnerarbeit

2. **Tauschen** Sie sich mit Ihrem Partner aus und klären Sie Unstimmigkeiten.

Einzelarbeit

3. **Erstellen** Sie zunächst eine **Dokumentvorlage** mit Ihren Kontaktdaten. Die Informationen finden Sie unter den **Wordfunktionen**:
   - **Seite einrichten**
   - Kontaktdaten in die **Kopf- und Fußzeile** in Ihrem **Corporate Design** einfügen.
   - Datei abspeichern als Dateityp **Dokumentvorlage** in einen neuen Ordner „Bewerbung".
   - Dokumentvorlage schließen und anschließend wieder öffnen, damit Sie als Dokument abgespeichert werden kann.
4. **Sammeln** Sie alle notwendigen Daten für Ihren aktuellen **Lebenslauf**. Greifen Sie auf die Ergebnisse der 1. Lernsituation in Hinblick auf Kompetenzen und Stärke-Schwäche-Profil zurück.
5. **Schreiben** Sie einen tabellarischen Lebenslauf. Achten Sie darauf, dass Sie mit den aktuellen Daten beginnen und stets die gleiche Schreibweise des Datums verwenden.
6. **Gestalten** Sie Ihren Lebenslauf, indem Sie Schwerpunkte (Schulbildung, Berufserfahrung, Sprachen ...) gruppiert darstellen und ansprechend nach Ihrem Corporate Design formatieren.

7. **Speichern** Sie Ihren Lebenslauf unter dem Dateinamen Nachname_Vorname_Lebenslauf in dem Ordner „Bewerbung" ab.

8. **Legen** Sie Ihren Lebenslauf Ihrer Lehrkraft zur Korrektur vor.

2.2 Lernaufgabe

Ihren kompetenzorientierten Lebenslauf haben Sie erstellt und suchen nun Unternehmen, die entsprechend Ihren Kompetenzen Arbeitsstellen anbieten. Die Unternehmen suchen Mitarbeiter, die in ihr Team passen. Beides muss also stimmen, um eine Win-Win-Situation (beide Beteiligten erzielen einen akzeptablen Nutzen) herzustellen.

Wie finden Sie Stellenausschreibungen, die Ihren Wünschen entsprechen?

Arbeitsauftrag

Einzelarbeit

1. **Informieren** Sie sich über **Wege der Stellensuche** – arbeiten Sie mit Randnotizen.

Partnerarbeit

2. **Tauschen** Sie sich über die Möglichkeiten des Auffinden von Stellen aus.

3. **Erstellen** Sie eine Checkliste über die verschiedenen Wege des Auffindens von Stellen.

Einzelarbeit

4. **Recherchieren** Sie im Internet mithilfe Ihrer Checkliste eine Stellenausschreibung mit einem Anforderungsprofil, die Ihrem Kompetenz-Profil entspricht.

5. **Nehmen** Sie das Unternehmen unter die Lupe, um festzustellen, ob es für Sie infrage kommt. **Erfassen** Sie die Informationen in einem **Unternehmens-Auswertungs-Raster** und speichern Sie diese im Ordner „Bewerbung" ab.

Gruppenarbeit

6. **Stellen** Sie sich gegenseitig die Checklisten, die Stellenanzeigen und die Auswertungsraster über die Unternehmen vor. Ergänzen Sie ggf. fehlende Informationen.
7. **Entscheiden** Sie sich für ein Ergebnis, das im Plenum vorgestellt wird.

Plenum

8. **Präsentieren** Sie Ihre Checkliste und das Auswertungsraster Ihres Unternehmens und begründen Sie, warum Sie sich auf diese Stellenausschreibung bewerben werden.
9. **Lassen** Sie sich ein Feedback geben.

2.3 Lernaufgabe

Mittlerweile haben Sie sich für Stellenausschreibungen entschieden und die entsprechenden Unternehmen unter die Lupe genommen. Als Nächstes steht nun das Bewerbungsanschreiben an, das passgenau auf die Stellenausschreibung formuliert wird.

Wie sehen passgenaue Bewerbungsunterlagen aus?

Arbeitsauftrag

Partnerarbeit

1. **Informieren** Sie sich zunächst über das **Bewerbungsanschreiben**.

2. **Notieren** Sie die Bestandteile und die für Sie wichtigen Informationen als Randnotiz neben der Musterbewerbung zur **Ausbildung als Industriekaufmann** Jobbörse Monster KZ 7856912.

Einzelarbeit

3. **Laden** Sie Ihre Dokumentvorlage „Bewerbung".
4. **Formulieren** Sie in Bezug auf Ihre Stellenausschreibung ein passgenaues Bewerbungsanschreiben.
5. **Speichern** Sie Ihre Datei unter: Nachname_Vorname_Bewerbungsanschreiben in einem Ordner ab, dem Sie den Namen: Bewerbung_Unternehmensnamen geben.

Gruppenarbeit – Kreisbrief (es darf nicht gesprochen werden)

6. **Lassen** Sie sich von Ihren Gruppenmitgliedern ein Feedback geben, indem Sie Ihr Anschreiben und ein unbeschriebenes Blatt Ihrem rechten Teammitglied vorlegen.
7. **Lesen** Sie das Anschreiben, das Sie bekommen, gewissenhaft durch und notieren Sie auf einem leeren Blatt Ihren Kommentar hinsichtlich:
   - Rechtschreibung, Grammatik und Zeichensetzung
   - Gestaltung
   - Formulierung
   - Inhaltlicher Vollständigkeit
8. **Unterschreiben** Sie Ihren Kommentar und reichen Sie das Blatt Ihrem rechten Teammitglied weiter.

Einzelarbeit

9. **Korrigieren** Sie ggf. Ihr Anschreiben.
10. **Scannen** Sie die infrage kommenden **Anlagen zur Bewerbung** ein und speichern diese in einer Datei unter dem Dateinamen: Nachname_Vorname_Zeugnisse ab.
11. **Erstellen** Sie ein **Deckblatt** und fügen Sie ein **Foto** ein und speichern Sie es entsprechend in den Bewerbungsordner des Unternehmens ab.

Lehrkraft

12. **Geben** Sie Ihre Bewerbungsmappe mit einem beschrifteten Umschlag Ihrer Lehrkraft zur Kontrolle ab.

Zuhause

13. **Versenden** Sie die **Bewerbung per Post**.

2.4 Lernaufgabe

Bestimmt ist Ihnen bei der Recherche nach Stellenausschreibungen aufgefallen, dass viele Unternehmen die Bewerbungen als E-Mail-Bewerbung oder direkt im Online-Bewerbungs-Formular erhalten möchten.

Welche Aspekte müssen bei einer Online-Bewerbung beachtet werden?

Arbeitsauftrag

Einzelarbeit (ggf. Hausaufgabe)

1. **Informieren** Sie sich zunächst über das Thema **Online-Bewerbung** und nehmen Sie alle Einstellungen in Ihrem E-Mail-Account vor, um professionelle Bewerbungs-E-Mails versenden zu können.

2. **Legen** Sie sich eine **E-Mail-Signatur** an.

3. **Schreiben** Sie Ihren Betreff mit Kennziffer

4. **Verfassen** Sie einen kurzen Anschreibetext. Achten Sie auf die persönliche Anrede des Personalverantwortlichen.

5. **Fügen** Sie die Bewerbungsunterlagen (Anschreiben, Lebenslauf mit Foto in der rechten oberen Ecke und Zeugnisse) als **PDF-Datei** an. Achten Sie auf die korrekten Dateinamen und auf den Dateiumfang (höchstens zwei bis drei MB).

6. **Versenden** Sie zunächst eine Kontroll-Mail an sich selbst oder einen Bekannten.

7. **Versenden** Sie Ihre Online-Bewerbung an Ihre Lehrkraft.

Lehrkraft

8. **Lassen** Sie sich von Ihrer Lehrkraft ein Feedback zu Ihrer Online-Bewerbung geben.

2.5 Lernaufgabe

Sie möchten sich in ganz Europa bewerben, um größere Chancen auf dem Arbeitsmarkt zu haben. Im Ausland können Sie Arbeitserfahrungen sammeln und Ihre Sprachkompetenz erweitern. Dazu müssen Sie sich aber in der entsprechenden Landessprache bewerben.

Wie bewerbe ich mich im Ausland?

Arbeitsauftrag

Einzelarbeit

1. **Informieren** Sie sich im Internet über den Service der europäischen Union „Europass".
2. **Gehen** Sie auf die Seite „Europass-Dokumente" .

1. Möglichkeit:

3. **Klicken** Sie auf „Erstellen Sie Ihren Online-Lebenslauf online".
4. **Lesen** Sie sich zunächst die Informationen durch.
5. **Suchen** Sie sich rechts oben die gewünschte Sprache aus.
6. **Erstellen** Sie online Ihren eigenen Lebenslauf und drucken Sie ihn aus.

2. Möglichkeit:

7. **Laden** Sie die Dokumente des Europass-Lebenslaufs herunter.
8. **Gehen** Sie auf „Lebenslauf-Formular" und speichern Sie dieses Dokument auf Ihr Speichermedium.
9. **Füllen** Sie das Formular aus. Wenn Sie sich bei einigen Feldern unsicher sind, so schauen Sie sich auf der gleichen Homepage den Europass-Lebenslauf (Beispiele) an.
10. **Gestalten** Sie den Lebenslauf in Ihrem eigenen **Corporate Design**.
11. **Komplettieren** Sie Ihre Unterlagen mit dem Bewerbungsanschreiben und ggf. mit einem Deckblatt in der Landessprache. Für die Zeugnisse legen Sie am besten eine Zeugniserläuterungstabelle bei. Diese finden Sie auch auf der Service-seite der europäischen Union.

Plenum

12. **Stellen** Sie Ihre Bewerbungsunterlagen vor.
13. **Lassen** Sie sich ein Feedback geben – korrigieren Sie diese ggf.

2.6 Kompetenz-Portfolio

Die zweite Lernsituation ist abgeschlossen, und nun möchten Sie in Ihrem persönlichen Kompetenz-Portfolio (Handlungsprodukte und Lernjournal) Ihre derzeitigen Kompetenzfelder reflektieren. Dazu setzen Sie sich erneut mit den Kerninhalten auseinander:

⇨ Stellenausschreibungen finden
⇨ Bewerbungsmappe erstellen
⇨ Sich online bewerben
⇨ Im Ausland bewerben

Wie erstelle ich eine professionelle Bewerbungsmappe?

Arbeitsauftrag

Einzelarbeit

1. **Äußern** Sie sich aus den in der vergangenen Lernsituation gemachten Erfahrungen zu den einzelnen Inhaltskategorien des Kompetenz-Portfolios. Orientieren Sie sich an den Kerninhalten, nehmen Sie Ihre erstellten Handlungsprodukte zu Hilfe (Lebenslauf, Anschreiben ...).
2. **Geben** Sie in der Einleitung wieder, womit Sie sich in dieser Lernsituation beschäftigt haben. Stellen Sie im Hauptteil Ihre Lernerfolge, -wege und -probleme dar. Ziehen Sie am Schluss ein Fazit und stecken Sie sich neue Ziele.
3. **Gestalten** Sie Ihr Portfolio leserfreundlich, indem Sie Name, Datum ... in die Kopfzeile eintragen, Ihre Gedanken in Abschnitte gliedern und mit Abschnittsüberschriften versehen.

Jour fixe (Beratungsgespräch mit Lehrkraft)

4. **Erläutern** Sie anhand des Kompetenz-Portfolios (Handlungsprodukte und Lernjournal) Ihre Entwicklung.

Inhaltskategorien für Ihr Kompetenz-Portfolio

Ihre fachliche Weiterentwicklung: Ich habe neue Wege zur Stellenbeschreibung kennengelernt. *Mir ist bewusst, dass meine Kompetenzen zur Stellenausschreibung ...*

Ihre persönlichen Erfahrungen, Erlebnisse und Einsichten: *Ich werde in Zukunft das Unternehmens-Auswertungs-Raster einsetzen, damit ...*

Ihre (Lern-)Aktivitäten bzw. Lernstrategien/Arbeitsmethoden: *Ich machte mir Randbemerkungen. Ich strukturierte meine Gedanken zunächst mithilfe einer MindMap.*

Empfundene Behinderung des Lernens: *Ich klebe an alten Mustern für Bewerbungsanschreiben fest.*

Wertungen, emotionale Äußerungen: *Besonders gefallen hat mir: ... Heute war mir alles zu viel.*

Schildern Sie innere Zustände wie Irritationen, Erleichterung, Spannungserleben etc.: *Ich fühlte mich orientierungslos.*

Resultierende Hoffnungen, Erwartungen, Wünsche, Vorhaben: *Jetzt bin ich gespannt, wie es weitergeht. (Winter 2004, S. 259)*

Arbeitsplan

Kompetenzen	• Telefoninterview vor- und nachbereiten • Äußeres Erscheinungsbild anpassen • Sich selbst präsentieren • Gruppendiskussion durchführen • Bewerbungsgespräche vor- und nachbereiten
Inhalte	• Telefoninterview • Assessment-Center • Selbstpräsentation • Gruppendiskussion • Äußeres Erscheinungsbild • Bewerbungsgespräch
Methoden/Lernstrategien	• Informationen aufbereiten • Überzeugend präsentieren • Mit Angst und Stress umgehen • Rollenspiel
Zeit	• ca. 10 Stunden

Warm-up

Wie mache ich bei den Unternehmen einen überzeugenden Eindruck?

Gessprächsvorbereitung

Telefongespräch

Auftreten

Präsentationskompetenz

Eignungstest

Gruppendiskussion

Gesprächsführung

Gesprächsnachbereitung

Kommunikationskompetenz

Sozialkompetenz

Mitbewerber

3.1 Lernaufgabe

Die Bewerbungen sind versandt. Nun dürfen Sie auf keinen Fall warten, bis Sie eine Rückmeldung von den Unternehmen erhalten. Das kann sich unter Umständen negativ auswirken, da der Arbeitgeber oft unangekündigt anruft. Um unangenehme Überraschungen zu vermeiden, sollten Sie sich jedoch rechtzeitig noch einmal mit dem Firmenprofil (Unternehmen-Auswertungs-Raster) vertraut machen, um für das Telefongespräch bzw. Telefoninterview gewappnet zu sein. Rechnen Sie also mit einem Anruf aus der Personalabteilung – und sorgen Sie dafür, dass Sie für das Telefoninterview erreichbar sind.

Wie wappne ich mich für ein Telefoninterview?

Arbeitsauftrag

Einzelarbeit

1. **Informieren** Sie sich anhand des Informationstextes **Telefoninterview**.
2. **Erstellen** Sie eine strukturierte Checkliste für die verschiedenen Phasen eines Telefoninterviews.

Tandem

3. **Vergleichen** Sie Ihre Checklisten und ergänzen sie ggf.

Einzelarbeit

4. **Bereiten** Sie sich auf drei mögliche Situationen vor: Der Personalverantwortliche kontaktiert Sie unangekündigt in einer unpassenden Situation, er kontaktiert Sie mit Ankündigung und Sie kontaktieren ihn, weil bisher keine Rückmeldung auf Ihre Bewerbung kam. Nehmen Sie Ihre Bewerbungsunterlagen, die Sie in der zweiten Lernsituation erstellt haben zu Hilfe bzw. greifen Sie auf die Stellenanzeigen und Musterbewerbungen an die Neumann Arzneimittel AG oder Wagner AG aus dem Manual „Schriftliche Bewerbung" zurück. Machen Sie sich zu jeder Situation Notizen.

Tandem

5. **Geben** Sie Ihrem Tandempartner Ihre Bewerbungsunterlagen, damit dieser sich aus der Sicht des Personalverantwortlichen auf das Gespräch vorbereiten kann.
6. **Machen** Sie sich Gesprächsnotizen für die unterschiedlichen Situationen der Telefoninterviews.
7. **Üben** Sie im Tandem die drei Varianten der Telefoninterviews.

Plenum (Simulation des Telefoninterviews)

8. **Führen** Sie Telefoninterviews mit unterschiedlichen Ausgangssituationen durch.
9. **Geben** Sie den beiden Gesprächspartnern mithilfe Ihrer Checkliste ein konstruktives Feedback.

Einzelarbeit (Nachbereitung des Telefongespräches)

10. **Bereiten** Sie das Telefongespräch mithilfe der Checkliste nach und halten Sie Ihr Fazit schriftlich fest, um Konsequenzen daraus zu ziehen.
11. **Ergänzen** Sie ggf. Ihre Checkliste mit den aus den geführten Telefoninterviews erworbenen Erkenntnissen.

Plenum (Blitzlicht)

12. **Äußern** Sie reihum Ihre Erkenntnisse aus dieser Lernaufgabe.

3.2 Lernaufgabe

Ihre Bewerbung hatte Erfolg. Über die Bewerbungsunterlagen und das Telefongespräch hat das Unternehmen schon einiges über Sie erfahren, Sie haben Ihren Gesprächspartner neugierig gemacht, und man möchte Sie persönlich kennenlernen. Sie sind zu einem Assessment-Center (Bewerberrunde) im Hotel „Weitblick" in Frankfurt eingeladen. Die Veranstaltung dauert fünf Stunden. Ansprechpartner sind Frau Nicole Grundel und Herr Markus Steines.

Sofort fallen Ihnen einige Fragen ein. Wie präsentiere ich mich? Was ziehen ich an? Wie ist die Kleiderordnung? Eine richtige Kleiderordnung gibt es heute kaum noch. Es kommt auch immer darauf an, wo Sie sich bewerben. Ein Bankangestellter in Jeans und Turnschuhen oder eine Chefsekretärin in Hotpants und engem Oberteil sehen wohl eher nicht sehr vertrauenserweckend aus. Hier wären wohl ein Anzug bzw. ein Kostüm die richtige Businesskleidung.

Wie erziele ich von Anfang an den gewünschten Eindruck?

Arbeitsauftrag

Einzelarbeit

1. **Informieren** Sie sich anhand des Informationstextes **Äußeres Erscheinungsbild**.
2. **Suchen** Sie drei Berufe aus, bei denen unterschiedliche Anforderungen an die Kleiderordnung gestellt werden.
3. **Erstellen** Sie einen Aushang, der über das korrekte Erscheinungsbild beim ersten Kontakt mit dem Unternehmen informiert. Empfehlen Sie für die drei Berufe die passende Bekleidung und weisen Sie allgemein auf mögliches Fehlverhalten hin.

Gruppenarbeit (Herstellung)

4. **Stellen** Sie sich Ihre Ergebnisse vor.
5. **Entscheiden** Sie sich für drei Berufe, aus denen die unterschiedlichsten Anforderungen am deutlichsten hervorgehen.
6. **Stellen** Sie aus Ihren unterschiedlichen Ergebnissen einen optimalen Aushang her.
7. **Hängen** Sie Ihre Ergebnisse in ausreichendem Abstand voneinander an entsprechender Stelle im Klassenraum aus.

Gruppenarbeit (Ausstellung)

8. **Bilden** Sie neue Gruppen mit jeweils einem Mitglied aus der vorangegangenen Gruppenarbeit.
9. **Wandern** Sie von Aushang zu Aushang – das jeweilige Gruppenmitglied, das beim Erstellen des Aushangs beteiligt war, präsentiert den anderen Mitgliedern sein Gruppenergebnis.

Plenum

10. **Berichten** Sie über Situationen bei denen Ihnen das äußere Erscheinungsbild einer anderen Person positiv oder negativ aufgefallen ist.

3.3 Lernaufgabe

Das äußere Erscheinungsbild haben Sie geklärt. In Ihrer Einladung zum Assessment-Center stand, dass verschiedene Einzel- und Gruppenaufgaben auf Sie zukommen. Die Einzelaufgabe sollen Sie vorab in der Firmensprache zu Hause vorbereiten. Sie sollen sich in einer Selbstpräsentation, die maximal drei Minuten dauert, vorstellen. Folgende Inhalte werden in Ihrer Präsentation von Ihnen erwartet:

- Was sollte das Unternehmen von Ihnen wissen?
- Was erwarten Sie von der Arbeitsstelle?
- Warum möchten Sie gerade in diesem Unternehmen arbeiten?

Zur Präsentation darf keine Software (z. B. PowerPoint, Prezi usw.) verwendet werden, sondern eher Plakate, Folien, Fotos oder Gegenstände. Die Kreativität steht im Vordergrund. Die Eckpunkte der Präsentation sollen in einem Handout festgehalten werden und in dreifacher Ausfertigung mitgebracht werden. Ein Taschenrechner ist mitzubringen.

Wie funktioniert eine überzeugende Selbstdarstellung?

Arbeitsauftrag

Einzelarbeit

1. **Informieren** Sie sich anhand des Informationstextes **Selbstpräsentation** bzw. recherchieren Sie im Internet.
2. **Sammeln** Sie mithilfe einer **MindMap** mögliche Inhalte und **Medien** für eine kreative Selbstpräsentation.

Gruppenarbeit

3. **Vergleichen** Sie Ihre MindMaps und ergänzen Sie ggf.
4. **Erstellen** Sie ein Bewertungsraster mithilfe dessen Sie die Selbstpräsentationen konstruktiv beurteilen können.

Einzelarbeit

5. **Planen** Sie Ihre Selbstpräsentation und das entsprechende Handout.
6. **Bereiten** Sie sich mithilfe Ihres Bewertungsrasters auf die Präsentation vor – üben Sie vor Zuschauern.

Plenum

7. **Geben** Sie das Handout den Plenumsteilnehmern und absolvieren Sie Ihre Selbstpräsentation in der Unternehmenssprache.
8. **Lassen** Sie sich vom Plenum ein konstruktives Feedback geben.
9. **Korrigieren** Sie ggf. Teile Ihrer Selbstpräsentation und des Handouts.

3.4 Lernaufgabe

Die Selbstpräsentation steht – Sie haben ein gutes Gefühl. Nun kommt die Vorbereitung auf die Gruppenaufgaben. Auf jeden Fall wird es eine Gruppendiskussion geben. Auch hier sollten Sie positiv auffallen.

Wie trete ich in einer Gruppendiskussion überzeugend auf?

Arbeitsauftrag

Tandem (Partnerarbeit)

1. **Teilen** Sie sich die Bearbeitung der Informationen **Diskussionsregeln** auf. **Legen** Sie fest, wer sich über Text (1) und (2) informiert.

Thema (1)	Thema (2)
2. **Lesen** Sie das Informationsblatt „Diskussionsregeln (1)“.	2. **Lesen** Sie das Informationsblatt „Diskussionsregeln (2)“.
3. **Setzen** Sie sich in den Außenkreis.	3. **Setzen** Sie sich in den Innenkreis.
4. **Erläutern** Sie Ihrem Gegenüber die Diskussionsregeln (1). Beim Signal der Lehrkraft rückt Ihr Partner eine Position weiter.	4. **Hören** Sie Ihrem Gegenüber zu. Beim Signal der Lehrkraft rücken Sie eine Position nach rechts.
5. **Kontrollieren** Sie die Erläuterungen Ihres Gegenübers über die Spielregeln (1). Beim Signal der Lehrkraft rückt Ihr Partner eine Position weiter.	5. **Erläutern** Sie Ihrem Gegenüber die neuen Diskussionsregeln (1). Beim Signal der Lehrkraft rücken Sie eine Position nach rechts.

7. **Hören** Sie Ihrem Gegenüber zu. Beim Signal der Lehrkraft rückt Ihr Partner eine Position weiter.	7. **Erläutern** Sie Ihrem Gegenüber die Spielregeln (2). Beim Signal der Lehrkraft rücken Sie eine Position nach rechts.
8. **Erläutern** Sie Ihrem Gegenüber die Diskussionsregeln (2).	8. **Kontrollieren** Sie die Erläuterungen Ihres Gegenübers über die Diskussionsregeln (2).

Tandem

9. **Erstellen** Sie gemeinsam mithilfe der **Checklistentechnik** einen Beobachtungsbogen, anhand der Sie die Kandidaten im Assessment-Center beobachten und einschätzen können.

Gruppenarbeit (2 Tandems)

10. **Vergleichen** Sie Ihre Checklisten.
11. **Erstellen** Sie auf der Grundlage der beiden Checklisten ein optimiertes Überprüfungsinstrument.
12. **Legen** Sie fest, wer die Checkliste vorstellt.

Plenum

13. **Präsentieren** Sie dem Plenum Ihre Checkliste.

Gruppenarbeit

14. **Nutzen** Sie die evtl. geäußerte Kritik zur Überarbeitung Ihres Überprüfungsinstrumentes.
15. **Schreiben** Sie eine These für die Diskussionsrunde im Assessment-Center (Aktuelle Themen, über die kontroverse Meinungen existieren: z. B. „Dürfen Männer am Arbeitsplatz kurze Hosen tragen?" oder „Ich ziehe beim Bewerbungsgespräch an, was ich will!") auf eine Moderationskarte.

Diskussionsrunde im Assessment-Center

Im Losverfahren wird eine Gruppe ausgesucht, die in die Rolle der Bewerber schlüpft. Diese Gruppe zieht eine Moderationskarte, über deren These sie diskutiert. Die anderen Gruppen übernehmen die Rolle der Jury.

16. **Wählen** Sie aus Ihrer Runde einen Moderationsleiter.
17. **Machen** Sie sich Notizen, um Ihre Einstellung zu der These überzeugend zu vertreten.
18. **Diskutieren** Sie über die These bzw. überprüfen Sie anhand der von Ihnen erstellten Checkliste die Einhaltung der Diskussionsregeln.
19. **Geben** Sie den Diskussionsteilnehmern ein Feedback zu ihrem Gesprächsverhalten.
20. **Wiederholen** Sie mehrmals die Diskussionsrunde mit anderen Thesen.

Einzelarbeit

21. **Ziehen** Sie ein Fazit aus der Diskussionsrunde. Überlegen Sie sich, wo Ihre Schwächen sind. Formulieren Sie einen Vorsatz, was Sie bei der nächsten Gruppendiskussion anders machen wollen bzw. beachten werden.

3.5 Lernaufgabe

Sie stehen vor der letzten Hürde im Bewerbungsprozess und sind zum Vorstellungsgespräch eingeladen. Nun gilt es, sich noch einmal intensiv mit dem Firmenprofil (Unternehmen-Auswertungs-Raster) auseinanderzusetzen. Sie müssen damit rechnen, dass ein Personal- und ein Fachverantwortlicher an dem Gespräch teilnehmen.

Wie wird mein Bewerbungsgespräch zum Erfolg?

Arbeitsauftrag

Einzelarbeit

1. **Informieren** Sie sich über mögliche Fragen eines **Vorstellungsgespräches** und zu dem Thema **Unzulässige Fragethemen bei Bewerber-Interviews**.
2. **Formulieren** Sie schriftlich Antworten auf diese Fragen, die auf die Stellenausschreibung und auf Ihre eigene Person passen. Überlegen Sie sich auch unzulässige Fragestellungen.

Gruppenarbeit (Dreierteam)

3. **Führen** Sie ein Bewerbungsgespräch mithilfe Ihrer Bewerbungsunterlagen durch (Bewerber – Personaler – Fachverantwortlicher). Stellen Sie auch unzulässige Fragen.
4. **Besprechen** Sie den Ablauf – optimieren Sie die schwächeren Passagen.
5. **Wechseln** Sie die Rollen.

Plenum (alle Bewerbungsunterlagen liegen auf dem Schreibtisch vor)

6. **Wählen** Sie einen Personal- und einen Fachverantwortlichen.
7. **Ziehen** Sie aus den Unterlagen eine heraus und inszenieren Sie das Bewerbungsgespräch.
8. **Geben** Sie als Personal- und als Fachverantwortlicher ihr/ihm ein Feedback.
9. **Reflektieren** Sie als Beobachter im Plenum das Bewerberverhalten.
10. **Wiederholen** Sie das ganze Verfahren mit einer anderen Zufallsgruppe.

Einzelarbeit

11. **Dokumentieren** Sie Ihre Stärken und Schwächen während eines Bewerbungsgespräches.

3.6 Kompetenz-Portfolio

Die dritte Lernsituation ist abgeschlossen, und nun möchten Sie in Ihrem persönlichen Kompetenz-Portfolio (Handlungsprodukte und Lernjournal) Ihre derzeitigen Kompetenzfelder reflektieren. Dazu setzen Sie sich erneut mit den Kerninhalten auseinander:

⇨ Wie verhalte ich mich nach einer schriftlichen Bewerbung?
⇨ Was kann bei einer Bewerberrunde/Assessment-Center auf mich zukommen?
⇨ Wie überzeuge ich in einem Bewerbungsgespräch?

Wie bereite ich mich auf ein Bewerbungsgespräch vor?

Arbeitsauftrag

Einzelarbeit

1. **Äußern** Sie sich aus den in der vergangenen Lernsituation gemachten Erfahrungen zu den einzelnen Inhaltskategorien des Kompetenz-Portfolios. Orientieren Sie sich an den Kerninhalten, nehmen Sie Ihre erstellten Handlungsprodukte/Notizen zu Hilfe.
2. **Geben** Sie in der Einleitung wieder, womit Sie sich in dieser Lernsituation beschäftigt haben. Stellen Sie im Hauptteil Ihre Lernerfolge, -wege und -probleme dar. Ziehen Sie am Schluss ein Fazit und stecken Sie sich neue Ziele.
3. **Gestalten** Sie Ihr Portfolio leserfreundlich.

Jour fixe (Beratungsgespräch mit Lehrkraft)

4. **Erläutern** Sie anhand des Kompetenz-Portfolios (Handlungsprodukte und Lernjournal) Ihre Entwicklung.

Inhaltskategorien für Ihr Kompetenz-Portfolio

Ihre fachliche Weiterentwicklung: *Mir ist bewusst, dass ich nach der schriftlichen Bewerbung ...*

Ihre persönlichen Erfahrungen, Erlebnisse und Einsichten: *Ich habe gemerkt, dass ich durch mehrmaliges Üben Sicherheit erlange ...*

Ihre (Lern-)Aktivitäten bzw. Lernstrategien/Arbeitsmethoden: *Ich machte mir Randbemerkungen. Ich strukturierte meine Gedanken zunächst mithilfe einer MindMap.*

Empfundene Behinderung des Lernens: *Vor Publikum habe ich Angst ...*

Wertungen, emotionale Äußerungen: *Besonders gefallen hat mir: ... Heute war mir alles zu viel.*

Schildern Sie innere Zustände wie Irritationen, Erleichterung, Spannungserleben etc.: *Ich fühlte mich unter Druck gesetzt. Ich freue mich, dass ich mehr Sicherheit bekommen habe ...*

Resultierende Hoffnungen, Erwartungen, Wünsche, Vorhaben: *Jetzt bin ich gespannt, ob ich mich bei den nächsten Bewerbungsgesprächen gut fühle.*

(Winter 2004, S. 259)

Berufsrelevante Kompetenzen

In welchem Berufsfeld möchte ich später arbeiten? Welche Ziele habe ich in meinem Leben? Was wird von mir in der Arbeitswelt erwartet? Diese Fragen gilt es wohlüberlegt zu beantworten. Sie müssen das für sich selbst tun, also weder die nächsten Verwandten noch Freunde können Ihnen diese Entscheidung abnehmen. Wichtig dabei ist, dass Sie eine Tätigkeit finden, die Ihren Leidenschaften und Talenten entspricht. Es bringt Ihnen also nichts, orientierungslos in einen Beruf reinzuschnuppern, eine Schule weiterzubesuchen oder ein Studium zu beginnen, ohne dass Sie überzeugt von Ihren Berufsweg sind. (vgl. Glaubitz 2011)

In der Arbeitswelt werden einerseits Fachkompetenzen (Hard Skills) und anderseits berufsübergreifenden Kompetenzen (Soft Skills) gefordert. Gemeinsam bilden sie die Handlungskompetenz des Berufseinsteigers. Fachwissen allein garantiert Ihnen heute noch keinen Erfolg im Beruf. Nur wenn Sie Ihr Fachwissen umsetzen können, sind Sie beschäftigungsfähig und vielseitig einsetzbar. Soft Skills sind dabei die Werkzeuge, mit denen Sie sich neue Qualifikationen aneignen können und die es Ihnen ermöglichen, sich veränderten Situationen im Berufsleben besser anzupassen.

Diese Qualifikationen spielen bei Ihrer Bewerbung und Ihrem beruflichem Erfolg eine immer größere Rolle. Im Einzelnen sind dies: kognitive Kompetenzen, die das Denken in Zusammenhängen umfassen, die Fähigkeit zu logischem und abstraktem Denken, Transferfähigkeit und Problemlösungsfähigkeit. Kommunikative Kompetenzen sind die schriftliche und mündliche Ausdrucksfähigkeit, Beherrschung von Präsentationstechniken, Diskussionsfähigkeit, partnerorientierte Kommunikation, Konsensfähigkeit.

Soziale Kompetenzen beinhalten Konflikt- und Kritikfähigkeit, Teamfähigkeit, Fähigkeit und Bereitschaft zu Kooperation, Einfühlungsvermögen, Durchsetzungsvermögen, Führungsqualitäten oder Kundenorientierung. Personalkompetenz umfasst die Bereitschaft und Fähigkeit zu Selbstständigkeit, Flexibilität, Kreativität, Initiative, geistiger Offenheit, Verantwortungsbereitschaft, Leistungsbereitschaft, Zuverlässigkeit, Umgang mit Unwägbarkeiten, demokratische Grundhaltung, Zivilcourage und ethisches Urteilsvermögen, Kompetenz für das selbstgesteuerte Lernen (vgl. Tille 2012).

Stärke-Schwäche-Profil

Nun sind Sie über die geforderten Soft Skills informiert. Als Nächstes sollten Sie sich über Ihre eigenen Kompetenzen bzw. über Ihre Erfolgsfaktoren für den Berufsstart bewusst werden und Ihr eigenes Stärke-Schwäche-Profil anlegen. Stellen Sie sich folgende Fragen:

Ihre Stärken	Ihre Schwächen
• Was fällt Ihnen leicht? • Was macht Ihnen Freude? • Wofür werden Sie von anderen gelobt?	• Was strengt Sie an? • Wobei spüren Sie eine innere Blockade? • Was schieben Sie immer vor sich her?

(Möbius 2006)

Die Frankfurter Allgemeine Zeitung hat zu diesem Thema bedeutende Faktoren für eine gelungene Persönlichkeitseinschätzung aufgelistet und nach drei Ausprägungsgraden differenziert. Die Stärken liegen im Optimalbereich; die Schwächen im Potenzialmangel und in der übertriebenen Ausprägung. Eine übertriebene Einsatzfreude ist negativ zu werten, da Sie Gefahr laufen, ausgenutzt zu werden, somit auf Dauer überlastet sind und Ihre Leistung nachlässt.

Persönliche Soft Skills

(1) Eigenverantwortlichkeit	(2) Motivation
Optimalbereich	**Optimalbereich**
• Strengt sich an, um die gesetzten Ziele zu erreichen • Arbeitet hart an sich selbst • Fühlt sich selbst verantwortlich für Erfolge und Misserfolge	• Zeigt eine hohe Identifikation mit seinen Aufgaben • Setzt sich engagiert für das Unternehmen und dessen Ziele ein • Geht mit Fleiß und Ausdauer an seine Aufgaben heran
Potenzialmangel	**Potenzialmangel**
• Zögerlich • Erfolge und Misserfolge werden äußeren Umständen oder anderen Personen zugeschrieben	• „Dienst nach Vorschrift" • Geringstmöglicher Einsatz • Bis hin zur „inneren Kündigung"
Übertriebene Ausprägung	**Übertriebene Ausprägung**
• Setzt sich zu sehr unter Druck • Gefahr von Krise bei fehlendem Erfolg	• Schießt möglicherweise über das Ziel hinaus (z. B. zu aggressives Verkaufsverhalten)

(3) Leistungsdrang	(4) Kontaktfähigkeit
Optimalbereich	**Optimalbereich**
• Sieht Ziel- oder Sollvorgabe nicht als Stress oder Druckmittel, sondern als Orientierung • Setzt Energien frei zur Zielerreichung • Behält unter Druck seinen natürlichen Leistungsdrang bei und entwickelt keine Leistungsängste	• Kontaktstark, ist gerne mit anderen Menschen zusammen • Vermittelt angenehme Offenheit • Ist in der Lage, emotionale Botschaften zu verstehen und damit umzugehen
Potenzialmangel	**Potenzialmangel**
• Leistungsängste • Nervosität • Anspannung in kritischen Situationen	• Verschlossenheit, Misstrauen • Zurückgezogenheit • Kälte, „schlechtes Klima" im Team
Übertriebene Ausprägung	**Übertriebene Ausprägung**
• Unter Umständen Überforderung der Kollegen durch extrem hohe Ansprüche an die eigene Leistung und an die Leistung anderer	• „Quasselstrippe", zu lange Gesprächsdauer und dadurch sinkende Aufmerksamkeit • Effizienzverluste: Es könnte passieren, dass die Arbeit aus den Augen verloren wird

(5) Selbstvertrauen	(6) Auftreten
Optimalbereich	**Optimalbereich**
• Traut sich an neue/unbekannte Aufgaben heran • Bleibt in Konfliktsituationen ruhig und gelassen • Ist von sich und seiner Leistungsfähigkeit überzeugt	• Fühlt sich auch höhergestellten Personen gegenüber sicher, selbstbewusst • Wird als (Gesprächs)-Partner akzeptiert • Meinung/eigener Standpunkt wird gehört und als wertvoll erachtet
Potenzialmangel	**Potenzialmangel**
• Minderwertigkeitsgefühle • große Angst davor zu scheitern/Versagensängste	• Wird übergangen • Kein gutes „Standing" trotz ordentlicher Leistungen; fehlende Anerkennung
Übertriebene Ausprägung	**Übertriebene Ausprägung**
• Arroganz • Selbstüberschätzung	• Selbstüberschätzung • Respektlosigkeit • Missachtung der Rangordnung

4

(7) Einfühlungsvermögen	(8) Einsatzfreude
Optimalbereich	**Optimalbereich**
• Versteht auch die Botschaften „zwischen den Zeilen" • „Gutes Gespür" für andere Menschen • Kann auch in Extremsituationen optimales Gesprächsklima herstellen • Wichtig für den Zusammenhang im Unternehmen/in der Abteilung	• Hohe Anstrengung; hoher Einsatz für das Unternehmen • Übernimmt gerne Verantwortung • Arbeitet konsequent auf ein gesetztes Ziel hin
Potenzialmangel	**Potenzialmangel**
• Auftreten von Fehleinschätzungen • Missverständnisse und Spannungen mit anderen	• Keine ausreichende Identifikation mit dem Leistungsprinzip • Überlässt anderen die Verantwortung • Lustlosigkeit
Übertriebene Ausprägung	**Übertriebene Ausprägung**
• Empfindlichkeit • Übertriebene Sensibilität	• Übertriebene Aufopferung • Gefahr, von anderen ausgenutzt zu werden

(9) Statusmotivation	(10) Systematik
Optimalbereich	**Optimalbereich**
• Schätzt Faktoren, die den gesellschaftlichen Status definieren, hoch ein (Geld, Prestige, Anerkennung, Aufbau einer gesicherten Existenz) und ist bereit, dafür hart zu arbeiten • Erkennt die angebotenen Leistungsanreize und nutzt sie	• Präzises, geplantes, strukturiertes Vorgehen auch bei komplexeren Aufgaben • Verfolgt seinen Weg zum Ziel mit aller Konsequenz auch über einen längeren Zeitraum hinweg • Jede Aufgabe wird optimal erledigt
Potenzialmangel	**Potenzialmangel**
• Kann über diese Faktoren nicht motiviert werden • Spannungen gegenüber anders eingestellten Personen	• Mangelnde Effizienz • Fehlende Orientierung und Auslassen von Chancen • Chaotische Tendenz; evtl. mangelnde Zuverlässigkeit
Übertriebene Ausprägung	**Übertriebene Ausprägung**
• Übertriebener Geltungsdrang • Oberflächlichkeit • Mangelnde Bindung ans Unternehmen (Abwerbung aus finanziellen Gründen leicht möglich)	• Pedanterie • Mangelnde Kreativität, mangelnde Fähigkeit zur Improvisation und zum Umdenken

(11) Initiative	(12) Kritikstabilität
Optimalbereich	**Optimalbereich**
• Eigenständiges Handeln ohne Druck von außen • Setzt sich aktiv Ziele und verfolgt diese • Beispielhafte Initiativen, Vorbildcharakter	• Außergewöhnlich hohe Kritikfähigkeit • Fühlt sich durch Kritik nicht angegriffen, sondern empfindet diese als wertvolle Hilfe • Greift die sachlichen Inhalte der Kritik auf und verarbeitet sie
Potenzialmangel	**Potenzialmangel**
• Rein reaktives Verhalten • Muss laufend angeleitet und „angeschoben" werden	• Nimmt Kritik sofort persönlich • Vermeidet Situationen, die ihn in die Kritik bringen könnten
Übertriebene Ausprägung	**Übertriebene Ausprägung**
• Überschreitet Grenzen beim Ausschöpfen der Entscheidungsspielräume der eigenen Position • Plant mehr, als abgearbeitet werden kann, daraus kann „Chaos" bei der Arbeit resultieren	• Ist für Kritik nicht mehr zugänglich, nimmt diese nicht mehr ernst

(13) Misserfolgstoleranz	(14) Emotionale Grundhaltung
Optimalbereich	**Optimalbereich**
• Souverän und gelassen • Kompensiert Misserfolg durch vermehrte Anstrengungen • Zeigt in schwierigen Situationen eine höhere Stressstabilität • Blickt nach vorne	• Positive Grundeinstellung • Kann andere begeistern, mitziehen • Lässt sich nicht so schnell unterkriegen
Potenzialmangel	**Potenzialmangel**
• Vermeidet Situationen, die das Risiko des Misserfolgs tragen • Mangelnde Gelassenheit bei Problemen • Lageorientiertes Verhalten	• Resignative Verhaltenstendenzen • Angst • Pessimismus, „schlechtes Klima" • Kann andere mit seiner Haltung „anstecken" und herunterziehen
Übertriebene Ausprägung	**Übertriebene Ausprägung**
• Gleichgültigkeit • Rechnet überhaupt nicht mehr mit der Möglichkeit, dass einmal kein Erfolg eintreten könnte	• Leugnung negativer Dinge; Realitätsverlust • „Traumtänzer" • Falsche Einschätzung von Risiken

(15) Selbstsicherheit	(16) Flexibilität
Optimalbereich	**Optimalbereich**
• Fühlt sich in allen beruflichen Dingen sicher • „Seele" eines Teams/eines Betriebes, Schlüsselakteur	• Stellt sich ohne Probleme auf eine neue Situation um • Behält auch in turbulenten Zeiten den Überblick und arbeitet mit höchster Effizienz weiter • Freut sich auf Abwechslung und Veränderungen
Potenzialmangel	**Potenzialmangel**
• Unsicherheit, Selbstzweifel • Angst, zu agieren und Entscheidungen zu treffen	• Widerstand gegen Veränderungen • Probleme, mit neuen Situationen zurechtzukommen
Übertriebene Ausprägung	**Übertriebene Ausprägung**
• Überschätzen der eigenen Position („mir kann nichts passieren") • Glaubt, unersetzlich zu sein und Ähnliches	• Langweilt sich eventuell, wenn beruflich zu wenig Abwechslung und Vielfalt geboten wird

(17) Arbeitszufriedenheit	
Optimalbereich	
• Fühlt sich wohl in seinem Umfeld • Stellt im Zweifel zunächst einmal auch eigene berufliche Ziele und Interessen zugunsten der Ziele und Gesamtinteressen des Unternehmens zurück • Identifiziert sich mit den Unternehmenszielen	
Potenzialmangel	
• „Unruhestifter": überträgt eigenen Ärger auf • Kollegen • Keine gute Leistung möglich; Identifikation mit dem Unternehmen fehlt	
Übertriebene Ausprägung	
• Übernimmt sich • Kennt keine Grenze mehr zwischen Beruf und Privatleben, andere Bereiche kommen zu kurz (Gefahr der Störung der „work-life-balance")	

(Abdruck mit freundlicher Genehming der Frankfurter Allgemeinen Zeitung)

Praktikum

Während der Schulzeit bietet sich Ihnen die Gelegenheit, Praktika zu absolvieren. Dadurch haben Sie die Chance, einen Einblick in die tatsächlichen Aufgaben und Arbeitsverhältnisse einzelner Berufe zu bekommen. Nutzen Sie dieses Angebot, um eine Orientierung zu bekommen, welche berufliche Fachrichtung Sie einschlagen könnten. Grundsätzlich müssen Sie überlegen, ob Sie es vorziehen, Kontakte mit Menschen zu haben, gerne im Freien arbeiten oder sich mit technischen Problemen auseinandersetzen. Am besten schnuppern Sie in die drei Bereiche Gesundheit/Soziales, Technik und Wirtschaft hinein.

Sie haben die Möglichkeit, ein eintägiges Schnupperpraktikum, ein mehrtägiges Kurzpraktikum oder ein mehrwöchiges Praktikum zu absolvieren. Schulen bieten Ihnen in der Regel feste Praktikumszeiten; nutzen Sie aber auch die Zeiten in den Ferien oder die Zeit zwischen den Schulabschlüssen, Ausbildung oder Studium. Ihre Praktika eröffnen Ihnen auch Kontakte zu potenziellen späteren Arbeitgebern. So können Sie frühzeitig in den Praktikumsbetrieben auf sich aufmerksam machen und signalisieren Interesse an einer weiteren Zusammenarbeit (vgl. PZ Rheinland-Pfalz 2009).

Für Ihren Lernprozess sind Praktika auch von elementarer Bedeutung, da Sie die in der Schule erworbenen Kompetenzen mit realen Situationen im betrieblichen Umfeld verknüpfen können.

Phase: Praktikum vorbereiten

Bemühen Sie sich daher rechtzeitig und eigenständig um einen passenden Praktikumsplatz. Sie identifizieren sich sicherlich eher mit den geforderten Tätigkeiten Ihrer Praktikumsstelle, wenn diese Ihren Wünschen und Talenten entsprechen, als wenn Sie sich aus der Not der Situation heraus mit einer Praktikumsstelle arrangieren müssen.

Akquirieren Sie einen Praktikumsplatz durch Telefonate und/oder mit einer schriftlichen Bewerbung. In der Regel ist dieser Bewerbung ein Begleitschreiben der Schule beizufügen. Wenn Sie erfolgreich eine Praktikumsstelle akquiriert haben, schließen Sie einen Praktikumsvertrag ab. Insbesondere bei einem Auslandspraktikum ist ein Praktikumsvertrag bzw. eine -vereinbarung unabdingbar. Oftmals erhalten Sie von der Schule eine entsprechende Vorlage.

Phase: Praktikum durchführen

Während des Praktikums sollten Sie Ihre gesammelten Erfahrungen reflektieren. Erstellen Sie dazu eine Praktikumsmappe, die folgendes beinhalten sollte:

- Deckblatt und Inhaltsverzeichnis
- Erwartungen an das Praktikum
- Vorstellung des Betriebes (Unternehmensziele, Leitbild, Organisation, Rechtsform, Dienstleistungen/Produkte)
- Berufsbild (Ausbildungs- oder Arbeitsplatzbeschreibung, berufliche Perspektiven)
- Wahlthema (betriebstypischer Arbeitsprozess)
- Wochen- bzw. Tagesberichte
- Persönliche Erfahrungen (Reflexion des Praktikums)
- Literaturverzeichnis
- Anhang (ggf. Materialien aus dem Unternehmen)

Bei der fachlichen Auseinandersetzung greifen Sie auf die Internetseiten, Fachzeitschriften, Schulbücher bzw. Broschüren des Unternehmens zurück oder interviewen Sie Mitarbeiter(innen) des Unternehmens. Die Quellen sind in dem Praktikumsbericht zu zitieren. Diese Informationen sind für Sie hilfreich beim späteren Schreiben einer Bewerbung, in der Sie die Tätigkeiten innerhalb Ihrer Praktika im Lebenslauf aufführen sollten.

Phase: Praktikum nachbereiten

Am Ende Ihres Praktikums sollten Sie sich Ihre Praktikumsteilnahme bescheinigen und beurteilen lassen. Dazu stellt in der Regel die Schule Beurteilungsbögen zur Verfügung.

Bewahren Sie diese Praktikumsbescheinigung sorgfältig auf, damit Sie sie bei einem entsprechenden Berufsbild Ihrer Bewerbung hinzufügen können.

In manchen Studiengängen ist ein Praktikum vor Studienbeginn Pflicht. Hierüber sollten Sie sich frühzeitig informieren. Nutzen Sie die Zeit nach dem Schulabschluss dazu, ein mehrwöchiges Praktikum zu absolvieren.

Berufswahl

Vielleicht sind Sie nach den Praktika schon sicher, welchen Fachbereich Sie wählen möchten. Sollte das nicht so sein, finden Sie im Internet eine Vielzahl von Eignungstests, um herauszufinden, welcher Beruf zu Ihnen passt. (www.was-soll-ich-werden.de, www.arbeitsagentur.de, www.testedich.de,). Die Entscheidung für den Berufseinstieg ist eine der wichtigsten im Leben. Deshalb lohnt es sich, dafür Zeit zu investieren und sie nicht dem Zufall zu überlassen.

Wege in den Beruf

In kurzer Zeit haben Sie Ihre Mittlere Reife, Ihr Abitur, Ihre Fachhochschulreife oder fachgebundene Hochschulreife in der Tasche – und was dann?

Sie sind auf alle Fälle motiviert und möchten Ihr Ziel schnell erreichen. Also, studieren oder lieber (erst mal) ein Praktikum oder eine Lehre machen?

Berufsausbildung

Eine berufliche Ausbildung unmittelbar nach dem Schulabschluss kommt für Sie in Frage, wenn Sie sich weniger für theoretisch-wissenschaftliche als vielmehr für praktisch-organisatorische Tätigkeiten interessieren oder geeignet fühlen. Auch wenn Sie das Bestreben nach frühzeitiger finanzieller Unabhängigkeit verspüren, eignet sich zunächst eine Berufsausbildung.

Eine berufliche Ausbildung dauert in der Regel drei bis dreieinhalb Jahre, währenddessen Sie praktische Erfahrungen im Ausbildungsbetrieb sammeln und sich an der Berufsschule das theoretischen Hintergrundwissen aneignen. Am Ende der Ausbildung legen Sie eine Prüfung vor der zuständigen Kammer ab.

Sie können auch ganz bewusst vor dem Studium eine Ausbildung absolvieren, um Kompetenzen zu erlangen, Erfahrungen zu sammeln und Ablaufprozesse kennenzulernen, die Ihnen das Studium erleichtern.

4

Anders als in einem Studium absolvieren Sie in einer Ausbildung klar definierte Tätigkeiten, Sie werden konsequent auf den Beruf vorbereitet und machen wertvolle Erfahrungen in Zusammenarbeit mit Vorgesetzten und Mitarbeitern.

Angehende Auszubildende sollten folgende Soft Skills mitbringen:

- Belastbarkeit, Disziplin, Verantwortungsbewusstsein
- Team-, Kontakt- und Kommunikationsfähigkeit
- Verlässlichkeit, Einfühlungsvermögen

Eine Ausbildung ist für Ihren weiteren beruflichen Weg auf jeden Fall eine solide Basis, nach der Sie ein Studium oder eine Zusatzqualifizierung anschließen können.

Sonderausbildung/Abiturientenausbildung

Wenn Sie die allgemeine, fachgebundene Hochschulreife oder Fachhochschulreife erworben haben, bietet sich Ihnen die Möglichkeit einer dualen Sonderausbildung, die im kaufmännischen, sozialen und technischen Bereich angeboten wird. Es handelt sich dabei um eine duale Ausbildung, nicht aber um ein duales Studium.

Zusätzlich zu einem Abschluss in einem anerkannten Ausbildungsberuf erwerben Sie auf diesem Weg eine Zusatzqualifikation. Diese Zusatzqualifikation können Sie an einer Berufsschule, Handwerkskammer, Industrie- und Handelskammer oder einer Akademie erwerben. Die Sonderausbildung schließen Sie in der Regel mit einer zusätzlichen Qualifikation (z. B. Betriebswirt, geprüfter Handelsassistent, staatlich geprüfter Industrietechnologe) ab. Sonderausbildungen sind mit einer Höherqualifizierung verbunden. Außerdem sind sie in ihren Aufgabenstellungen sehr anspruchsvoll. Ausführliche Informationen dazu finden Sie unter dem Suchbegriff „Abiturientenausbildung" unter www.berufenet/arbeitsagentur.de.

Duales Studium

Alternativ zur Ausbildung können Sie ein duales Studium anstreben. Neben der theoretischen Ausbildung an einer Hochschule werden ergänzend berufspraktische Erfahrungen in einem Unternehmen vermittelt. Es gibt drei verschiedene Formen von dualen Studiengängen:

Ausbildungsintegrierter dualer Studiengang. Es läuft eine Berufsausbildung parallel zu einem akademischen Abschluss. Die Berufsausbildung ist meist auf zwei Jahre verkürzt und endet mit einer Abschlussprüfung bei der zuständigen Kammer. Kurz gesagt absolvieren Sie ein Studium plus Ausbildung.

Kooperativer dualer Studiengang. Dieser Studiengang eignet sich für Studienfächer, die sich kaum mit einer sinnvollen Berufsausbildung kombinieren lassen. Sie sammeln in einem Beruf praktische Erfahrungen, schließen diesen aber nicht mit einer Kammerprüfung ab. Kurz gesagt absolvieren Sie ein Studium mit hohem Praxisanteil.

Berufsintegrierter dualer Studiengang. Sie sind bereits berufstätig und möchten einen akademischen Grad anstreben. Ihr Arbeitgeber wird in das Studium mit einbezogen, d. h. er bestimmt die Inhalte des Studienganges und richtet den beruflichen Alltag auf den Studiengang aus. Kurz gesagt, absolvieren Sie ein Studium mit Vorgaben Ihres Arbeitsgebers, haben aber bereits einen Berufsabschluss.

Wenn Sie parallel zum Studium Ihr neu erworbenes Wissen im Unternehmen einsetzen wollen, frühzeitige finanzielle Unabhängigkeit anstreben, eine qualifizierte Position erreichen möchten und Ihnen nicht viel an forschungsorientiertem Wissen liegt, sollten Sie sich für ein duales Studium entscheiden.

Die Komprimierung von Studium und Ausbildung bedeutet aber eine hohe Arbeitsbelastung, die nicht zu unterschätzen ist. Das Studium ist sehr kompakt und statt den Semesterferien folgen berufspraktische Phasen in Unternehmen. Dieser hohe Arbeitseinsatz lohnt sich: Die Studienfinanzierung ist durch eine Vergütung Ihres Arbeitgebers gesichert. Weiterhin können Sie von Beginn an selbstständig arbeiten und genießen eine abwechslungsreiche Ausbildung. Auch Ihre Berufs- und Aufstiegschancen steigen durch die intensiven praktischen Erfahrungen erheblich. Weiterhin sind Sie durch Ihr Wissen über das Unternehmen eine wertvolle Arbeitskraft, die im Gegensatz zu anderen Bewerbern kaum noch Einarbeitungszeit benötigt.

Das bedeutet, dass Sie folgende Soft Skills mitbringen sollten:

- Hohe Belastbarkeit
- Außergewöhnliche Leistungs- und Einsatzbereitschaft
- Schnelle Auffassungsgabe
- Selbstdisziplin, Eigeninitiative, Durchhaltevermögen
- Organisationsfähigkeit (Können Sie selbstständig und effizient Prozesse planen?)
- Team- und Konfliktlösefähigkeit
- Kommunikations- und Präsentationsfähigkeit
- Flexibilität (Können Sie sich schnell auf Veränderungen einstellen?)

Viele Unternehmen bieten mittlerweile ein duales Studium an. Die Vorteile liegen für die Unternehmen auf der Hand. Sie gewinnen durch diese Studierenden frühzeitig hochqualifizierte Nachwuchskräfte. Bereits parallel zur Ausbildung setzen Studierende ihr akademisches Wissen effektiv für das Unternehmen ein. Während des dualen Studiums werden die Studierenden in konkrete Arbeitsabläufe eingebunden, bei ihnen werden wichtige firmenspezifische Schlüsselqualifikationen gefördert und damit eine enge Firmenbindung entwickelt.

Alternativ können Sie auch direkt an eine Wunschfirma herantreten und anfragen, ob diese ein duales Studium anbietet. Unverzichtbar für ein duales Studium ist in jedem Fall ein Vertrag mit einem kooperativen Unternehmen oder einer öffentlichen Einrichtung. Für die Bewerbung beim Betrieb sollten Sie auf jeden Fall eine Vorlaufzeit von zwölf bis fünfzehn Monaten vor dem geplanten Studiengang einkalkulieren.

Die Bewerber mit Abschlüssen aus der Kombination von Theorie und Praxis haben gute Chancen auf dem Arbeitsmarkt, weil sie bereits eingearbeitet sind. Zunächst werden sie im Vergleich zu Hochschulabsolventen niedriger eingestuft. Da sie bereits die betrieblichen Abläufe seit mehreren Jahren kennen, wachsen sie jedoch häufig schneller in anspruchsvolle Tätigkeiten und Positionen hinein. (vgl. Bundesagentur für Arbeit, 2011)

Studium

Mehrere Gründe können Sie zu einem Studium veranlassen: Wenn Sie während der Schulzeit ein bestimmtes Unterrichtsfach favorisiert haben oder besondere Begabungen erkannt haben, sollten Sie ein Studium anstreben. Wenn Sie Freude an einem bestimmten Themengebiet haben und sich intensiv mit den Inhalten auseinandersetzen können, dann sind Sie sicherlich für ein Studium prädestiniert.

Außerdem gibt es Berufe, in die Sie nur mit einem Studium einsteigen können (Ärzte, Juristen etc.). Wenn Sie einen solchen Beruf anstreben, gibt es für Sie also nur den Weg ins Studium.

Ein dritter Grund für ein Studium ist das Ziel, langfristig eine höhere Position anzustreben. Dieses erreichen Sie in der Regel nur mit einem Hochschulabschluss. Deshalb setzen Sie sich frühzeitig Ziele, um Ihre Talente zu nutzen, Ihren Traumberuf zu praktizieren oder grenzenlos und ohne Umwege Aufstiegschancen zu verwirklichen.

Studienanfänger sollten folgende Soft Skills mitbringen:

- Selbstdisziplin, Eigeninitiative, Durchhaltevermögen
- Organisationsfähigkeit (Können Sie selbstständig und effizient Prozesse planen?)
- Analytische und konzeptionelle Fähigkeit
  (Können Sie Wichtiges schnell erfassen und dabei klar strukturiert denken?)
- Team- und Konfliktlösefähigkeit
- Kommunikations- und Präsentationsfähigkeit
- Flexibilität (Können Sie sich schnell auf Veränderungen einstellen?)
- Vernetztes Denken
- Interkulturelle Kompetenz (Sind Sie sensibel für andere Denkweisen?)

Den Einstieg in den späteren Beruf können Sie sich während des Studiums durch Praktika im In- und Ausland erleichtern. Sie erhalten Kontakt zu zukünftigen Arbeitgebern und haben einen Einblick in den zu erwartenden Tätigkeitsbereich. Im Vergleich zu den anderen Berufseinstiegen bedeutet das Hochschulstudium Verzicht auf ständiges Einkommen.

Schulische Abschlüsse	Hochschulen
Allgemeinen Hochschulreife	Alle Hochschulen
Fachgebundenen Hochschulreife	Nur Studienfächer aus einem bestimmten Fachbereich
Fachhochschulreife	Alle Fachhochschulen

Berufstätige ohne Fachhochschulreife können mit Berufserfahrung meist fachgebunden studieren, wenn sie über bestimmte Qualifikation und Eignung verfügen. Sie starten meist zunächst mit einem Probestudium und müssen nicht selten eine Eingangsprüfung bestehen.

Berufsinformations-Veranstaltungen

Während der Schulzeit informieren Sie sich in Praktika über verschiedene Berufsfelder, machen sich Gedanken über verschiedene Ausbildungswege. Dabei allein sollten Sie es nicht belassen. Nutzen Sie die vielfältig angebotenen Veranstaltungen, um sich über inhaltliche Aspekte und fachliche Ansprüche in Beruf und Studium, berufliche Entwicklungsmöglichkeiten sowie Arbeitsmarktaussichten zu informieren. Besuchen Sie dazu folgende Veranstaltungen möglichst frühzeitig:

Informationsveranstaltungen in Schulen

Ihnen wird die Möglichkeit des Besuchs einer weiterführenden Schule, Voraussetzungen, Dauer, Abschluss vorgestellt. In der Regel finden diese Informationstage zum Jahresbeginn statt. Informieren Sie sich auf der Homepage der Schule in Ihrer Wohnortnähe nach den genauen Terminen.

Ausbildungsmessen

Unternehmen und Hochschulen präsentieren ihre Ausbildungsberufe und Studiengänge und geben Auskunft über Dauer, Inhalte, Anforderungen und Perspektiven der verschiedensten Berufe. Sie haben die Gelegenheit, Kontakte zu den Ausbildungsbetrieben des eigenen Wunschberufes zu knüpfen. Ein großer Vorteil für Sie, denn wenn der Ausbilder den Interessenten persönlich kennt, ist die Chance oft höher, den Ausbildungsplatz zu bekommen. Haben Sie sich freundlich, höflich und wissbegierig gezeigt, bleiben Sie im Gedächtnis.

Betriebserkundung

Im Schulleben dient sie in der Regel dazu, Produktions- und Arbeitsprozesse innerhalb eines Betriebes kennenzulernen. Zudem kann die Erkundung eines Betriebes Ihnen in Ihrem Berufswahlprozess weiterhelfen, denn sie ermöglicht Ihnen einen Einblick in den Betrieb bzw. eine Korrektur falscher Vorstellungen über betriebliche Wirklichkeiten.

Informationsveranstaltungen an Universitäten/Fachhochschulen

Individuelle Beratung und Orientierung für Studieninteressierte bietet die Allgemeine/Zentrale Studienberatung an allen Hochschulen an. Darüber hinaus informieren die Hochschulen über ihre Studiengänge (Bachelor-, Master-, Dual-, Fernstudiengänge und Weiterbildungsangebote) an speziellen Informationstagen.

Nutzen Sie diese Veranstaltungsangebote, um einen Eindruck vom Studienalltag zu bekommen. Sie können Lehrveranstaltungen besuchen, an Labor- und Bibliotheksführungen teilnehmen und an Infoständen Gespräche mit Ihren vielleicht zukünftigen Hochschullehrenden führen.

Recruiting Days

Für den Berufseinstieg oder eine neue berufliche Herausforderung finden branchenspezifische bzw. branchenübergreifende Recruiting Days statt. Personalverantwortliche suchen neue Mitarbeiter. In persönlichen zwanzigminütigen Gesprächen können Sie Ihren Einsatz- und Entwicklungsmöglichkeiten – individuell auf Sie zu geschnitten – besprechen. Hier haben Sie die Möglichkeit, direkt mit Ihrer Persönlichkeit zu überzeugen, statt mit förmlichen Bewerbungsunterlagen. In lockerer Atmosphäre können Sie über Ihre Einstellungsmöglichkeiten, Ihre Wünsche oder Vorstellungen sprechen und direkt ein Feedback erhalten.

Außerdem finden immer Rahmenprogramme statt, die Ihnen zusätzliche wertvolle Informationen bieten.

Berufsinformationszentrum (BIZ)

Fragen zur Berufswahl werden Ihnen im BIZ der Bundesagentur für Arbeit beantwortet. Im Internetcenter finden Sie aktuelle betriebliche Ausbildungsstellen, Angebote zu Aus- und Weiterbildungen, Beschreibungen einzelner Berufe und Berufsfelder und Filme über Ausbildungsberufe. Sie erhalten dort Informationsmappen, in denen Aufgaben, Tätigkeiten, Anforderungen der Ausbildung oder des Studiengangs ausführlich erläutert werden. Das BIZ bietet spezielle Informationstage an, an denen Fachleute und Auszubildende aus eigener Erfahrung über ihr Studium, ihre Berufsausbildung und Ausbildung im In- und Ausland berichten. So bekommen Sie einen sehr ehrlichen, überzeugenden Eindruck von der Realität in der Berufs- und Uniwelt.

Auch wenn der Besuch verschiedener Veranstaltungen Zeit kostet, sollten Sie diese für Ihre weitere Berufs- und Studienplanung investieren. Je länger Sie orientierungslos bleiben, desto später starten Sie im richtigen Beruf durch oder landen eventuell nie in einem Beruf, der Sie erfüllt. Entwickeln Sie für sich aus den Eindrücken der Informationsveranstaltungen, Praktika und Gespräche ein klares Berufsbild, damit Ihnen ein Studien-/Ausbildungsabbruch oder -wechsel erspart bleibt. Setzen Sie sich möglichst frühzeitig Ihre Ziele, d. h. dass Sie sich nicht erst in der Abschlussklasse überlegen sollten, wie es nach der Schule für Sie weitergeht. Wer seine Ziele beizeiten setzt, geht folglich zielgerichtet vor und erreicht sein Ziel vor allem eher.

Wege der Stellensuche

Nachdem Sie sich für eine Berufsrichtung entschieden haben, nutzen Sie das vielfältige Angebot, um Ihren bevorzugten Arbeitgeber zu finden. Recherchieren Sie ausdauernd nach geeigneten Stellenanzeigen. Achten Sie darauf, dass sie Ihren Qualifikationen entsprechen. Vertiefende Angaben zum **Anforderungsprofil** sollten zu Ihren Fachkenntnissen und Soft Skills passen, damit Sie Ihre persönlichen Stärken zielgerichtet in Ihren Bewerbungsunterlagen darstellen können.

Außerdem erhalten Sie durch die umfassenden Angaben in den Stellenanzeigen die ersten Eindrücke von diesem Unternehmen. Stellen Sie sich dann die Frage: „Wie kann ich meine Kompetenzen/Qualifikationen in diesem Unternehmen einbringen?" Die besten Kandidaten für ein Unternehmen sind immer die, deren Qualifikationen mit den Anforderungen übereinstimmen. (vgl Hofert 2009, S. 58)

Analysieren Sie die Stellenanzeigen in den verschiedenen Medien auf Einstiegstext, Anforderungen an die Stelle, Anforderungen an den Bewerber, Leistungen des Unternehmens, berufliche Chancen und Kontaktdaten.

Printmedien

In regionalen Tageszeitungen werden gezielt arbeitssuchende Menschen aus der Region angesprochen. Der Stellenmarkt in der regionalen Tageszeitung wird auch von Arbeitnehmern überflogen, die nicht akut auf der Suche nach einer neuen Stelle sind. Überregionale Tageszeitungen bieten sich für Fach-und Führungskräfte an, die nicht an eine Region gebunden sind. Sehr erfolgversprechend sind die Stellenanzeigen in Fachzeitschriften und in den Zeitschriften von Berufsverbänden. Hier werden speziell Fachleute der jeweiligen Berufsgruppen gesucht, sodass für Sie schon eine Art Vorauswahl getroffen ist.

Soziale Netzwerke

Online-Netzwerke spielen heute laut dem Bundesverband Informationswirtschaft, Telekommunikation und neue Medien (BITKOM) eine immer größere Rolle. Bereits 95 Prozent aller Unternehmen schreiben ihre freien Stellen inzwischen im Internet aus, zweistellige Prozentzahlen sogar direkt in sozialen Netzwerken wie Twitter, XING, Facebook usw.

Der Vorteil für Sie liegt darin, dass Sie nach möglichen zukünftigen Kollegen suchen und diese vorab über das Unternehmen befragen können. Doch dies birgt auch Nachteile, bzw. für Sie ist Vorsicht geboten. Auch Unternehmen schauen in sozialen Netzwerken genauer hin, was Kandidaten so an ihren Pinnwänden veröffentlichen. Deshalb sollten Sie bewusst ihre Netzwerkseiten pflegen und negativ wirkende Inhalte entfernen.

Homepage der Unternehmen

Viele Unternehmen veröffentlichen selbst Karriereseiten, auf denen Ihre offenen Stellen aufgelistet sind bzw. die Website-Besucher animieren, sich initiativ online zu bewerben.

Der Vorteil liegt klar auf der Hand. Neben den Stellenangeboten finden Sie hier weitere Informationen über das entsprechende Unternehmen, und über den Online-Bewerbungs-Link erreichen Sie direkt den Personalverantwortlichen für dieses Stellenangebot.

Jobbörsen

Verschaffen Sie sich zunächst einen Überblick im Crosswater-Portal oder im Stellen-boerse-Portal. Sie bieten Ihnen einen Kompass für die Navigation über Themen wie Jobbörsen, Jobsuchmaschinen, Stellenangebote, Personal, Recruiting, Stellenanzeigen, Gehaltsvergleich bzw. Karriere (vgl. Klenk 2010 und Ahrens 2009).

Die Jobbörsen im Internet sind geordnet nach einzelnen Kategorien. Die berufs- und branchenspezifischen Stellenbörsen sowie die regionalen Jobangebote sind nochmals in Unterkategorien eingeteilt.

Branchenübergreifende Stellenbörsen	Branchenspezifische Stellenbörsen
www.monster.de, www.stepstone.de	www.hotelstellenmarkt.de

Regionale Stellenbörsen	Spezielle Bereiche
www.meinestadt.de	www.nebenjob.de

Die Stellenbörsen (z. B. StepStone) bieten folgende kostenlose Serviceangebote:

- **Jobs per E-Mail** – persönliches Suchprofil erstellen und passende Jobangebote bequem per E-Mail erhalten
- **Lebenslauf** – ein Profil in der Lebenslauf-Datenbank anfertigen und sich von suchenden Unternehmen kontaktieren lassen – auch anonym
- **Newsletter** – Karriere-Checklisten, Bewerbungsvorlagen, Gehaltstabellen – Tipps rund um die Themen Karriere, Bewerbung und Gehalt im Newsletter

Personalberatungen

Neben der eigenen aktiven Suche nach einer Arbeitsstelle können Sie, wenn Sie bereits Berufserfahrung mitbringen, auch Personalberater aufsuchen, die Ihnen Arbeitsstellen anbieten, auf die Ihr Anforderungsprofil zugeschnitten ist.

Sie wissen, was die Unternehmen für Mitarbeiter suchen. Sie werden individuell begleitet und betreut.

Die bekanntesten deutschen Personalberatungen (www.kienbaum.de, www.michaelpage.de oder www.personal-total.de) suchen für Unternehmen auch auf ihrer eigenen Homepage nach geeigneten Bewerbern.

Unternehmensprofil

Nachdem Sie sich für eine passende Stellenanzeige entschieden haben oder bei einer Initiativbewerbung ein bestimmtes Unternehmen im Blickwinkel haben, geht es zunächst darum, das Unternehmen unter die Lupe zu nehmen. Je mehr Sie wissen, desto wirkungsvoller können Sie Ihre Bewerbung auf dessen spezielle Anforderungen und Bedürfnisse zuschneiden. Im Marketing spricht man hier von „Zielgruppenorientierung".

Zielgruppenanalyse

Betrachten Sie Ihre ausgesuchten Unternehmen als Ihre persönliche Zielgruppe. Sie wollen Ihre Leistungen, Ihre Arbeitskraft an diese Zielgruppe verkaufen. Damit Ihnen dies gelingt, müssen Sie z. B. herausfinden:

- Welche Firmenphilosophie verfolgt das Unternehmen?
- Welche zusätzlichen Informationen befinden sich ggf. auf der Karriereseite?
- Welche Berufe/Ausbildungsberufe bietet das Unternehmen an?
- Wie viele Mitarbeiter(innen) sind im Unternehmen beschäftigt?
- Welche Standorte hat das Unternehmen?
- Welche Produkte und/oder Dienstleistungen bietet das Unternehmen an?
- Für wen bietet das Unternehmen diese Leistungen an?
- Was gibt es an aktuellen Ereignissen und Entwicklungen, die für das Unternehmen relevant sind?
- Welche zukünftigen Aktivitäten sind geplant?
- Welche Probleme hatte das Unternehmen eventuell in den letzten Jahren?

Unternehmens-Auswertungs-Raster

Nehmen Sie sich Zeit und erstellen für die ausgewählten Stellenanzeigen jeweils ein Unternehmens-Auswertungs-Raster, aus dem die Informationen über das Unternehmen, die zukünftigen Aufgaben, Voraussetzungen des Bewerbers und die Kontaktdaten hervorgehen, um Sie Ihre Bewerbungsunterlagen optimal darauf abzustimmen.

Sollten Sie dann noch Fragen zu der Stellenanzeige haben, so scheuen Sie sich nicht, telefonisch nachzufragen. Nur wenn Sie die Anforderung der Stelle voll verstanden haben, können Sie sich glaubwürdig bewerben.

Anforderungen an die Bewerbungsunterlagen

Erstellen Sie nun Ihre Bewerbungsmappe. Sie verfolgen mit ihr nur ein Ziel, die Chance zu bekommen, sich persönlich bei Ihrem Wunschunternehmen vorzustellen. Mit Ihren Unterlagen werben Sie in eigener Sache.

Innere Form

Achten Sie darauf, dass Sie eine passgenaue Bewerbung anfertigen, indem Sie genau auf die Anforderungen der Stellenanzeige eingehen und die Informationen aus Ihrer Internetrecherche berücksichtigen. Vermitteln Sie Ihre Stärken und Ihre Leidenschaft zu diesem Berufsbild mit nachvollziehbaren Beispielen.

Verwenden Sie keine abstrakten Formulierungen – Ihre Persönlichkeit ist gefragt (vgl. Püttjer & Schnierda 2003, S. 9). Personalverantwortliche lesen zwischen den Zeilen und machen sich automatisch ein Bild von dem Bewerber.

Äußere Form

Der Personalverantwortliche erhält von Ihnen den ersten Eindruck in der Regel durch die äußere Form Ihrer Bewerbungsmappe. Er macht sich innerhalb weniger Sekunden ein Bild von Ihrer Arbeitsweise und Ihrer Persönlichkeit. Dieses können Sie später nicht mehr korrigieren, selbst wenn Sie hervorragende Zeugnisse aufweisen können. Sie stimmen ihn nur positiv, wenn die Unterlagen ohne Rechtschreibfehler, Eselsohren, Nikotingeruch bzw. Kaffeeflecken sind. Ebenso verhält es sich mit fehlenden Unterlagen oder einer Loseblattsammlung.

Die äußere Form lässt heute durchaus Spielraum. In kreativen Berufen sind witzige Layout-Einfälle, alternativ gestaltete Lebensläufe oder Anschreiben durchaus gefragt. Allerdings erwarten Personalchefs bei einer Bank oder Versicherung seriösere Layouts. Entwerfen Sie zunächst Ihr eigenes **Corporate Design**, damit Ihre Bewerbung zum Eye-Catcher (Blickfang) wird. Wählen Sie Textausrichtung, Farbe, Schriftart und -grad und visualisieren Sie Ihren Namen und die Kontaktdaten. Verwenden Sie dieses Design für Ihren Lebenslauf, Ihre Bewerbung und ggf. Ihr Deckblatt.

Achten Sie unbedingt darauf, keine Rechtschreib-, Grammatik- oder Kommafehler in Ihren Bewerbungsunterlagen zu haben. Geben Sie die Texte vorsichtshalber jemandem zur Korrektur. Wählen Sie hochwertiges Papier, auch wenn das ein bisschen teurer ist. Dabei sollten alle Seiten nur einseitig bedruckt werden. Unterschreiben Sie immer eigenhändig – also keine eingescannte Unterschrift verwenden.

Lebenslauf

Beginnen Sie zunächst mit der Ausarbeitung Ihres individuellen Lebenslaufes. Denn Personalverantwortliche lesen ihn in der Regel zuerst, bevor sie sich mit dem Anschreiben beschäftigen. Erstellen Sie einen tätigkeits- und kompetenzorientierten Lebenslauf, denn der Leser sollte schnell in der Lage sein, sich einen Überblick über Ihre Qualifikationen zu verschaffen (vgl. Buchberger 2011-2).

Erläutern Sie also das Niveau Ihrer Sprachkenntnisse und listen Sie die Tätigkeiten, die Sie bereits in Praktika oder im Unterricht eingeübt haben, auf. Machen Sie aus Diskriminierungsgründen keine Angaben über Eltern, Geschwister, Ihre Religion – es sei denn, es wird ausdrücklich verlangt.

Das Unternehmen interessiert vor allem Ihre Kompetenzen und Soft Skills. Je mehr Sie den Anforderungen der ausgeschriebenen Stelle entsprechen, umso eher werden Sie zum Vorstellungsgespräch eingeladen (vgl. Püttjer & Schnierda 2003, S. 11).

Aufbau eines Lebenslaufes als Berufseinsteiger

Der Aufbau Ihres Lebenslaufes richtet sich danach, ob Sie sich als **Berufseinsteiger** bewerben oder bereits mehrere Jahre Berufserfahrung mitbringen. Im Falle des Berufsanfängers werden nach den persönlichen Daten die Schulbildung, Berufsausbildung bzw. Studium beschrieben – es folgen die Angaben von Praktika, persönlichen Fähigkeiten und Kompetenzen. Stellen Sie also Ihre Stärken deutlich heraus. Ihr Lebenslauf muss lückenlos sein. Zeitspannen, die nicht mit Schul- oder Arbeitszeiten belegt sind, zeigen Ungereimtheiten.

Persönliche Daten	Vorname, Nachname Straße, PLZ und Ort Geburtsdatum und -ort evtl. Familienstand Telefonnummer und E-Mail-Adresse
Schulbildung	Bei der Schulbildung listen Sie nur die Schule auf, in der Sie Ihren ersten entscheidenden Abschluss gemacht haben (Realschule = Mittlere Reife, Gymnasium = Abitur). Bei guten Abschlüssen geben Sie zu Ihren Schul-, Berufs- oder Studiensabschlüssen immer Ihre Durchschnittsnote an. Daran erkennt der Personaler, ob Sie kontinuierlich gute Leistungen bzw. steigende Leistungen erbracht haben. Achten Sie darauf, dass Sie mit dem aktuellsten Abschluss beginnen. Vermerken Sie bei Ihren Angaben zu Ihrer Schul- und Ausbildung ruhig Themen- und Lernschwerpunkte, wenn es passt.
Praktika/Berufserfahrung	Beginnen Sie mit dem aktuellsten Praktikum und beschreiben Sie stichwortartig die Arbeitsinhalte, die für den zukünftigen Arbeitgeber wichtig sind. Nennen Sie die Anschrift, die Branche, die Produkte bzw. Dienstleistungen Ihrer Praktikabetriebe. Zur Berufserfahrung führen Sie Ihre passgenauen Nebenjobs an, auch wenn Sie einen Zwei-Stunden-die-Woche-Job haben.
Sprachkompetenzen **Muttersprache** **1. Fremdsprache** **2. Fremdsprache** **...**	Bewerten Sie Ihre Sprachkenntnisse. Zum einen gibt es die Möglichkeit, die Bewertung abzustufen nach: 1. Grund- bzw. Schulkenntnisse 2. Sehr gute Kenntnisse 3. Fließend in Wort und Schrift 4. Verhandlungssicher 5. Muttersprache Zum anderen können Sie die Stufung des europäischen Referenzrahmens für Sprachen einsetzen: A: ➲ elementare Sprachverwendung (A1 und A2) B: ➲ selbstständige Sprachverwendung (B1 und B2) C: ➲ kompetente Sprachverwendung C1: ➲ fortgeschrittenes Kompetenzniveau C2: ➲ nahezu muttersprachliche Sprachbeherrschung (URL: http://europass.cedefop.europa.eu/LanguageSelfAssessmentGrid/de) TOEFL® (Test of English as a Foreign Language) oder TOEIC-Punktzahl International akzeptierter Sprachstandard, der zur Messung der Englischkenntnisse dient

5

Auslands-aufenthalt	Listen Sie Ihre Auslandsaufenthalte auf. Geben Sie Zeitraum, Ort und Grund an. Dabei kann es sich um ein Auslandspraktikum, Auslandsstudium, Work & Travel, Freiwilligenjahr oder um Intensivsprachkurse handeln. Der Personalverantwortliche erkennt daran, dass Sie neben der erworbenen Sprachkompetenz, flexibel sind im Umgang mit kniffligen Situationen und offen für andere Kulturen.
Soziale Fähigkeiten	Beschreiben Sie in welchem Zusammenhang Sie Ihre soziale Fähigkeit (Teamfähigkeit, Kommunikationsfähigkeit ...) erworben haben. • gute Fähigkeit zur Anpassung an ein multikulturelles Umfeld, erworben durch meinen Intensivsprachkurs im Ausland und im Handballverein • gute Kommunikationsfähigkeit, erworben im Unterrichtsfach Kommunikation und Präsentation und in der Anwendung von Präsentationen innerhalb des Unterrichts
Organisatorische Fähigkeiten	Beschreiben Sie Ihre organisatorischen Fähigkeiten (Koordinierung und Verwaltung von Personal, Projekten und Haushaltsmitteln bei der Arbeit, einer gemeinnützigen Tätigkeit). • umfassende Erfahrung als Klassen- bzw. Schülersprecher • dreijährige Erfahrung in der Organisation von Vereinsfesten
Technische Fähigkeiten	Wenn dies Ihr Berufsbild betrifft, beschreiben Sie Ihre technischen Fähigkeiten und Kompetenzen im Umgang mit speziellen Arten von Geräten und Maschinen usw. (Computer ausgenommen) bzw. technische Fähigkeiten und Kompetenzen in einem bestimmten Fachgebiet (Fertigungsindustrie, Gesundheitswesen, Bankensektor usw.). • Souveräner Umgang mit dem Mikroskop • Führerschein: (Klasse angeben)
IT-Kenntnisse	Bewerten Sie Ihre IT-Kenntnisse (Handhabung von Textverarbeitungsprogrammen und anderen Anwendungen, die Recherche in Datenbanken, den routinierten Umgang mit dem Internet sowie hochqualifizierte Fähigkeiten (Programmieren usw.) • Basiskenntnisse im Tabellenkalkulationsprogramm Excel • Expertenwissen in Photoshop
Künstlerische Fähigkeiten	Führen Sie hier Ihre künstlerischen Fähigkeiten und Kompetenzen auf, die für Ihre Bewerbung vorteilhaft sein können (Musik, Schriftstellerei, Gestaltung/Design) • Querflöte spielen, 6-jährige Mitgliedschaft im Musikverein • Mitglied der Schul-Theater-AG
Freizeit-aktivitäten	Definieren Sie Ihre Freizeitaktivitäten genau. Welchen Sport oder ehrenamtliche Tätigkeiten üben Sie aus? Welche Literatur lesen Sie? • Mitglied im Fußballverein FC xy • Regelmäßiges Lesen der Zeitschrift PC-Welt bzw. Natur- und Technik
Ort, Datum Handschriftliche Unterschrift	Achtung! Immer auf das aktuelle Datum achten. Am besten mit einem Füller unterschreiben.

Dirk Pauly

Güterstraße 14
54296 Trier
Tel. 0651 588759
E-Mail: d.pauly@gmx.de

Kopf- und Fußzeile gestalten

Lebenslauf – Musterbeispiel

Dokumentenvorlage erstellen

Tabellen gestalten

Lebenslauf gestalten

Meine persönlichen Daten	
Geburtsdatum	14. April 19..
Geburtsort	Trier
Schulbildung	
September 20.. bis	Berufsbildende Schule Wirtschaft Trier Höhere Berufsfachschule Fachbereich: Handel und E-Commerce Gesamtnote Halbjahreszeugnis 2,1
September 19.. bis Juli 20..	Franz-Bauer-Realschule in Trier Sekundarabschluss, Gesamtnote 2,3
Praktika	
Juni 20.. bis Juli 20..	Weingroßhandel Karl GbR in Trier Abteilung: Einkauf • Archivierung der Dokumente • Kundengespräche entgegennehmen • Kundenaufträge erfassen
Oktober 20.. bis November 20..	Müller GmbH in Trier - IT-Haus Abteilung: Verkauf • Daten erfassen • Kundengespräche führen
Sprachenkompetenz	
	Englisch B: ➲selbstständige Sprachverwendung (B1 und B2) LCCI - Wirtschaftsenglisch
	Französisch A: ➲ elementare Sprachverwendung (A1 und A2)

Aufzählung einfügen

Seite 1 von 2

Seitenzahl einfügen

Dirk Pauly

Güterstraße 14
54296 Trier
Tel. 0651 588759
E-Mail: d.pauly@gmx.de

Auslandaufenthalte

Juni 20.. bis August 20..	achtwöchiger Intensivsprachkurs in Englisch Sprachenschule Pauls in London

Soziale Fähigkeiten

Gute Fähigkeit zur Anpassung an ein multikulturelles Umfeld, erworben durch meinen Intensivsprachkurs im Ausland und im Handballverein

Gute Kommunikations- und Präsentationsfähigkeit, erworben im Unterrichtsfach Kommunikation und Präsentation und in der Anwendung von Präsentationen innerhalb des Unterrichts

IT-Kompetenzen

Textverarbeitungsprogramm „Word"
Umfassende Kenntnisse

Kalkulationsprogramm „Excel"
Basiskenntnisse

Freizeitaktivitäten

Handball im TUS Trier seit sechs Jahren
Freiwillige Feuerwehr seit vier Jahren

Trier, 9. Januar 20..

Dirk Pauly

Seite 2 von 2

Aufbau eines Lebenslaufes mit Berufserfahrung

Mit **Berufserfahrung** suchen Sie in der Regel einen anspruchsvolleren Arbeitsplatz. Daher interessieren den Personalverantwortlichen am meisten die zwei letzten Arbeitsstellen. Beginnen Sie also nach den persönlichen Daten mit der aktuellen Arbeitsstelle und listen Sie sie chronologisch abwärts auf. Es folgen Berufsausbildung bzw. Studium, Praktika und Schule. Als weitere wichtige Schwerpunkte führen Sie die Weiterbildungen auf, das Niveau Ihrer Sprachkenntnisse und zum Schluss Angaben zu Ihren erweiterten Kompetenzen.

Verzichten Sie auf überflüssige Angaben, stimmen Sie Ihren Lebenslauf auf das Stellenangebot bzw. das Tätigkeitsfeld des Unternehmens ab. Vermitteln Sie dem Personalverantwortlichen, dass Sie zielgerichtet ein neues Aufgabengebiet suchen.

Persönliche Daten	Vorname, Nachname Straße Ort Geburtsdatum und -ort Telefonnummer und E-Mail-Adresse
Berufstätigkeiten	Beginnen Sie stichwortartig mit den Arbeitsinhalten Ihrer jetzigen Tätigkeit, die für den zukünftigen Arbeitgeber wichtig sind. Verwenden Sie keine Abkürzungen, die für einen Außenstehenden nicht geläufig sind. Nennen Sie die Branche, die Produkte bzw. Dienstleistungen. Beschreiben Sie für das Unternehmen interessante durchgeführte Projekte und belegen Sie diese mit den erreichten Projektzielen. Damit wird Ihr Berufsprofil individuell und aussagekräftig. Überzeugen Sie durch Ihren Erfahrungsschatz, mit dem Sie das neue Unternehmen unterstützen können. Heben Sie das Beschäftigungsverhältnis hervor, damit der Personalverantwortliche auf einen Blick erkennt, in welchem Bereich des Tagesgeschäfts Sie gearbeitet haben und welche Sonderaufgaben Sie übernommen haben (vgl. Püttjer & Schnierda 2003, S. 17-25).
Praktika	Beginnen Sie mit dem aktuellsten Praktikum und beschreiben Sie stichwortartig die Arbeitsinhalte, die für den zukünftigen Arbeitgeber wichtig sind. Nennen Sie die Anschrift, die Branche, die Produkte bzw. Dienstleistungen Ihrer Praktikabetriebe.
Berufsausbildung, Studium, Schule	Listen Sie Ihre Abschlüsse mit dem entsprechenden Notendurchschnitt auf. Ebenso vermerken Sie, wenn Sie einen Abschluss in verkürzter Zeit absolviert haben, daran erkennt der Personalverantwortliche Ihre Leistungsbereitschaft.

Weiterbildung (ggf. Auszug), Zusatzqualifikationen	Treffen Sie eine passgenaue Auswahl an Weiterbildungen. Personalverantwortliche wollen keine umfangreichen Listen lesen, die mit der eigentlichen Arbeit nichts zu tun haben.
Sprachkompetenzen • Muttersprache • 1. Fremdsprache • 2. Fremdsprache • 3. ...	Bewerten Sie Ihre Sprachkenntnisse. Zum einen gibt es die Möglichkeit, die Bewertung abzustufen nach: 1. Grundkenntnisse 2. Fließend in Wort und Schrift 3. Verhandlungssicher 4. Muttersprache Zum anderen können Sie die Stufung des europäischen Referenzrahmens für Sprachen einsetzen. A: ➲ elementare Sprachverwendung (A1 und A2) B: ➲ selbstständige Sprachverwendung (B1 und B2) C: ➲ kompetente Sprachverwendung C1: ➲ fortgeschrittenes Kompetenzniveau C2: ➲ nahezu muttersprachliche Sprachbeherrschung TOEFL®-Punktzahl (Test of English as a Foreign Language) International akzeptierter Sprachstandard, der zur Messung der Englischkenntnisse dient
Auslandsaufenthalte	Listen Sie Ihre Auslandsaufenthalte auf. Geben Sie Zeitraum, Ort und Grund an. Dabei kann es sich um ein Auslandspraktikum, Auslandsstudium, Work & Travel, Freiwilligenjahr oder um Intensivsprachkurse handeln. Der Personalverantwortliche erkennt daran, dass Sie neben der erworbenen Sprachkompetenz, flexibel sind im Umgang mit kniffligen Situationen und offen für andere Kulturen.
IT-Kompetenz	EDV-Kenntnisse werden ebenfalls bewertet: • Experte • Anwender • Basiskenntnisse
Freizeitbeschäftigung	Listen Sie nur einige Freizeitbeschäftigungen auf, um einen Teil Ihrer Persönlichkeit und Soft Skills aufzuzeigen. Definieren Sie Ihre Freizeitaktivitäten genau. Welchen Sport oder ehrenamtliche Tätigkeiten üben Sie aus? Welche Literatur lesen Sie?
Ort, Datum, Handschriftliche Unterschrift	Achtung! Immer auf das aktuelle Datum achten. Am besten mit einem Füller unterschreiben.

Julia Martínez ♦ Augustastraße 34 ♦ 54516 Wittlich
Tel.: 06571 8972687 ♦ E-Mail: j-martinez@t-online.de

Lebenslauf - Musterbeispiel

Meine persönlichen Daten

geb. 24. Mai 1990 in Madrid, ledig

Berufstätigkeit

08/2009 bis heute

Industriekauffrau, Stahlbau Fatas, Trier
Marketingabteilung

- Analyse der Marktpotenziale
- Statistiken erstellen
- Ausarbeitung von Vertriebsstrategien
- Vorbereitung statistischer Materialien für kundenspezifische Angebote
- After-Sales-Betreuung
- Bereitstellung weiterer nachgelagerter Produktdienstleistungen

09/2006 bis 07/2009

Ausbildung zur Industriekauffrau
Stahlbau Strauker, Wittlich

- Aufgaben des Marketingbereiches
- Preislisten für die Produktpaletten erstellen
- Verhandlungen mit Lieferanten
- Geschäftsverkehr kontrollieren

Praktikum

06/2005 bis 07/2005

Ideal-Standard, Wittlich
Abteilung Materialwirtschaft

Mithilfe des Ausbildungsbegleiters Einblicke in:

- Angebote vergleichen und auswerten
- Waren annehmen
- Erstellung von Auftragsbegleitpapieren

⇨ Lebenslauf Seite 2

Kopf- und Fußzeile bearbeiten

Dokumentenvorlage erstellen

Grafiken einfügen

Tabellen gestalten

Lebenslauf gestalten

Aufzählung einfügen

Seitenzahl einfügen

Julia Martínez • Augustastraße 34 • 54516 Wittlich
Tel.: 06571 8972687 • E-Mail: j-martinez@t-online.de

Zusatzqualifikation

08/2007 bis 10/2008 — LCCI-Zertificat
Prüfung in Wirtschaftsenglisch „English for Business – Second Level"
der London Chamber of Commerce and Industry

Schulbildung

08/2000 bis 07/2006 — Realschule Albert Schweitzer in Wittlich
Sekundarabschluss, Gesamtnote 2,6

Sprachenkompetenz

Spanisch: Muttersprache
Deutsch: Verhandlungssicher
Englisch: Fließend in Wort und Schrift

IT-Kompetenz

MS-Office (ständig in Anwendung)

Freizeitaktivitäten

Tennis, Wandern,
Reisen

Trier, 24. Februar 20..

Julia Martínez

⇨ Lebenslauf Seite 2

Bewerbungsfoto

Unterschätzen Sie nicht die Bedeutung Ihres Bewerbungsfotos. Der Personalverantwortliche bekommt einen ersten Eindruck, den Sie nicht mehr revidieren können. Nutzen Sie also die Chance, mit Ihrem Foto Sympathiepunkte zu sammeln.

Qualität

Lassen Sie am besten das Bewerbungsfoto von einem Fachmann erstellen, der auf Körperhaltung, Belichtung und Hintergrund achtet. Ebenso sollte Ihre Kleidung zu der angestrebten Anstellung passen, d. h. wählen Sie die Kleidung und Accessoires, die in diesem Unternehmen Standard sind. Verwenden Sie Porträtfotos, die nicht älter sind als ein bis zwei Jahre. Ihr Bewerbungsfoto sollte einfach gut in die Bewerbung hineinpassen und Sie in Szene setzen.

Form

Das Bewerbungsfoto (4 bis 7 cm) wird rechts oben an den Lebenslauf angeheft oder digital eingebunden. Achten Sie darauf, dass das digitale Bild eine gute Druckqualität hat. Das Bild darf ruhig ein wenig größer ausfallen, etwa 6,5 cm Breite und maximal 10 cm Höhe. Es lohnt sich, in ein aussagekräftiges Foto zu investieren.

Deckblatt

Bewerbungsmappen können Sie mit und ohne Deckblatt gestalten. Entscheiden Sie sich für ein Deckblatt, so sollten es das gleiche Layout wie Ihre übrigen Bewerbungsunterlagen haben und folgendes beinhalten:

Dirk Pauly

Güterstraße 14
54296 Trier
Tel. 0651 588759
E-Mail: d.pauly@gmx.de

Bewerbung
für einen Ausbildungsplatz
zum Bürokaufmann
bei der Roland Meyer GmbH
in Trier

Inhalt:
Lebenslauf
Foto
2 Zeugnisse

Verbindliche Bestandteile

- Ihr Vorname und Nachname
- Ihre Anschrift
- Ihre Telefon-/Handynummer
- Ihre E-Mail-Adresse
- Bewerbung für (Angabe der Stellenausschreibung oder Berufswunsch und ggf. Unternehmensangabe)

Unverbindliche Bestandteile

- Ihr Foto können Sie etwas größer als Grafikdatei einfügen (Bedenken Sie aber, dass es in den Bewerbungsunterlagen nur einmal erscheint – Deckblatt oder Lebenslauf)
- Inhaltsübersicht – Wenn Sie möchten, können Sie auf dem Deckblatt auch eine kurze Inhaltsübersicht der folgenden Dokumente aufführen. Das erleichtert Ihrem Ansprechpartner die Übersicht. Zwingend ist das aber nicht.

Bewerbungsanschreiben

Besonderes Gewicht hat in der Bewerbungsmappe das Anschreiben. Hier gilt es, den richtigen und zielbezogenen Ton zu treffen und in kurzen, prägnanten Sätzen Aufmerksamkeit für die eigene Person und die folgenden Bewerbungsunterlagen zu schaffen. Der Bezug zu der angestrebten Position und Aufgabe sowie das Interesse an Ihrem Wunscharbeitgeber gehören in den Vordergrund. (vgl. Buchberger 2011-1). Daher müssen Sie bei jeder Bewerbung ein neues passendes Anschreiben verfassen, indem Sie sich aber immer wiederfinden.

Richten Sie das Anschreiben nach Möglichkeit an einen konkreten Ansprechpartner. Dieser steht meistens in der Stellenanzeige. Wenn nicht, können Sie auch einfach in dem Unternehmen anrufen und nach der zuständigen Person fragen. Lassen Sie sich den Namen auf jeden Fall buchstabieren, damit Sie ihn richtig schreiben. Auch beim Abschreiben eines Namens aus einer Anzeige sollten Sie sehr sorgfältig auf die korrekte Schreibweise achten.

Ihr Anschreiben sollte nicht länger als eine Seite sein und leserfreundlich formatiert sein (Schriftgröße (12 pt) und -typ, , Absätze, Seitenrand). Deshalb müssen Sie Informationen schnell auf den Punkt bringen. Beginnen Sie Ihre Anschreiben nicht mit einer Floskel (Ich interessiere mich für die ausgeschriebene Stelle in der xy-Zeitung – dies gehört direkt in den Betreff). Wenn Sie keinen Kontakt zum Unternehmen aufgenommen haben, auf den Sie verweisen könnten, sollten Sie direkt Ihre jetzige Tätigkeit beschreiben.

Wählen Sie eine förmliche und sachliche, dabei aber freundliche Sprache. Machen Sie sich klar, dass Sie kein Bittsteller sind, sondern dass Sie Fähigkeiten und Qualitäten zu bieten haben. Seien Sie selbstbewusst, aber nicht arrogant. Vermeiden Sie Konjunktive mit „würde" (würde mich freuen ..., würde mir gefallen ... oder würde mir gut passen ...). Ihr Anschreiben muss Sie persönlich widerspiegeln.

Betrachten Sie das Anschreiben als eine Art Selbstgutachten. Erläutern Sie Ihre Fachkompetenz, aber vor allem geben Sie dem Personalverantwortlichen die Chance, dass er sich ein Bild von Ihrer Persönlichkeit machen kann. In dem Anschreiben sollten Sie sagen, warum Sie sich gerade bei diesem Unternehmen bewerben und was Sie an dieser Stelle interessiert. Zeigen Sie in Ihrem Anschreiben mit ca. sieben Argumenten auf, wie und warum Sie mit Ihren Kenntnissen und Qualitäten gut für das Unternehmen geeignet sind (vgl. Hofert 2009, S. 20). Gehen Sie passgenau auf die Anforderungen der Stellenanzeige ein und belegen Sie kurz mithilfe von Beispielen Ihre Stärken – wiederholen Sie aber nicht die Argumentationen aus Ihrem Lebenslauf. Achten Sie aber hier genau darauf, dass Sie nicht bewerten, sondern nur beschreiben. Bedenken Sie, dass Ihr ausführliches Kompetenzprofil im Lebenslauf steht – verweisen Sie ggf. darauf.

Verzichten Sie dabei auf das Nennen von privaten Gründen, wie z. B. „Das Unternehmen ist so schön nah an meiner Wohnung." oder Ähnlichen. Nennen Sie fachliche Gründe, die zeigen, dass Sie etwas über das Unternehmen und die von Ihnen angestrebte Position wissen. Wenn Sie bereits in einem Arbeitsverhältnis stehen, nennen Sie im Abschluss Ihres Anschreibens Ihren frühesten Anfangszeitpunkt und wenn gefordert Ihre Gehaltsvorstellungen. Wenn Sie Berufsanfänger sind, kommt es immer ganz gut an, zwei bis drei Tage Probearbeit anzubieten. Beenden Sie Ihr Bewerbungsanschreiben mit einem Wunsch nach einem Gespräch, damit der Personalverantwortliche sich ein umfangreiches Bild von Ihnen machen kann. Verwenden Sie die übliche Abschlussformel „Mit freundlichen Grüßen" und kürzen Sie auf keinen Fall mit mfg ab. Unterschreiben Sie leserlich mit einem Füller. Listen Sie die Anlagen nur thematisch auf (vgl. Püttjer & Schnierda 2003, S. 40 ff.).

Aufbau eines Bewerbungsanschreibens

Bestandteile	Inhalte
Absenderangaben	Name Kommunikationsdaten
Empfängerangaben	Korrekte Firmenangaben mit entsprechender Rechtsform Name des Personalverantwortlichen (Achten Sie auf korrekte Schreibweise!)
Datum	Numerisch oder alphanumerische Schreibweise, die dann im Text fortgesetzt wird.
Betreff	Aussagekräftiger Betreff (Berufsbezeichnung der Stellenanzeige beachten) Fundstelle der Stellenausschreibung bzw. Initiativbewerbung
Anrede	Persönliche Anrede des Personalverantwortlichen
Einleitung	Nehmen Sie Bezug auf Telefonate oder Empfehlungen. • Herzlichen Dank für die am Telefon gegebenen zusätzlichen Informationen • Wie besprochen, sende ich Ihnen die ... • Auf Empfehlung von ... Beschreiben Sie, welcher Tätigkeit Sie zurzeit nachgehen. • Zurzeit besuche ich die berufsbildende Schule • Momentan arbeite ich ...
Hauptteil	Welche **Hard Skills (**Fachkompetenzen) bringe ich mit, die auf die Stellenausschreibung zutreffen? Was kann ich dem Unternehmen bieten? Was interessiert mich an dieser Stelle? Wie und warum passe ich mit meinen Kenntnissen und Qualitäten gut in das Unternehmen? Welche **Soft Skills** werden in der Stellenanzeige gefordert? Belegen Sie kurz mit Beispielen wie Sie Ihre Stärken passgenau auf die angebotene Stelle einbringen können.
Schluss	Je nach Stellenausschreibung: Was sind meine Gehaltvorstellungen? Wann kann ich frühestens beginnen? Bereitschaft zur Probearbeit signalisieren. Wunsch nach einem persönlichen Gespräch bekunden. • Gerne gebe ich Ihnen in einem Gespräch weitere Auskünfte zu meiner Person. • In einem Gespräch kann ich Ihnen mein Profil weiter erläutern.
Gruß	Benutzen Sie keine Abkürzungen.
Unterschrift	Unterschreiben Sie leserlich mit dem Füller.
Anlagen	Ordnen Sie Ihre Anlagen thematisch und chronologisch. • Lebenslauf mit Foto • Arbeits- und Schulzeugnisse • Zertifikate

Stellenausschreibung (Ausbildung)

„Neumann Arzneimittel – ALLES GUTE" – unter diesem Leitbild vertreiben wir unsere Produkte in den Segmenten Generika und Markenprodukte. Weltweit erreichten wir im Geschäftsjahr 20.. einen Umsatz von über 1,6 Milliarden EUR. Unsere rund 7.800 Mitarbeiter im Konzern, davon ca. 1 200 in Deutschland, sind Hauptträger dieses Erfolges. Zur Sicherung unseres stetigen Bedarfs an gut ausgebildeten Fachkräften bieten wir an:

Ausbildung zur Industriekauffrau/zum Industriekaufmann zum 1. August 20..

Wir bieten:	Ihre Voraussetzungen:
• Praxisnahe Ausbildung in einem modernen Unternehmen	• Realschule oder Fachhochschulreife
• Besuch der Berufsschule in Bad Nauheim	• Interesse an kaufmännischen Abläufen
• Innerbetrieblichen Unterricht	• Hohe Lernbereitschaft, Zuverlässigkeit
• Ausbildungsvergütung nach Tarifvertrag der chemischen Industrie Hessen	• Kommunikations- und Teamfähigkeit
• Gute Sozialleistungen	• Gute Englischkenntnisse

Was wir Ihnen zusätzlich zu diesem interessanten Ausbildungsplatz noch zu bieten haben, entnehmen Sie bitte unserem ausführlichen Personal- und Sozialbericht. Haben Sie Interesse, in einem sympathischen und engagierten Team mitzuarbeiten? Dann überzeugen Sie uns!

Bitte senden Sie Ihre aussagekräftige Bewerbung unter Angabe der Kennziffer 7856912 an:

Neumann Arzneimittel AG, Klaus Petri, Hochstr. 2 - 18, 61118 Bad Vilbel
Telefon: 06101 754-838, Telefax: 06101 754-432, jobs@neumann.de, www.neumann.de

Dirk Pauly

Güterstraße 14
54296 Trier
Tel. 0651 588759
E-Mail: d.pauly@gmx.de

¶
¶
¶
Neumann Arzneimittel AG
Herrn Klaus Petri
Hochstraße 2 - 18
61118 Bad Vibel
¶
¶
¶
¶

18. November 20..

¶
¶
Bewerbung zur Ausbildung als Industriekaufmann
Jobbörse Monster KZ 7856912
¶
¶
Sehr geehrter Herr Petri,
¶
zurzeit besuche ich die Höhere Berufsfachschule Handel und E-Commerce an der Berufsbildenden Schule Wirtschaft in Trier. Im Juli 20.. werde ich voraussichtlich den Bildungsgang als „Staatlich geprüfter Assistent für Handel und E-Commerce" abschließen und den schulischen Teil der Fachhochschulreife erhalten.
¶
Eine Ausbildung in Ihrem Unternehmen spricht mich sehr an, da ich mich stark für gesundheitliche Themenstellungen und kaufmännische Tätigkeiten interessiere. Aus dem berufsbezogenen Unterricht bringe ich bereits Kenntnisse über kundenorientierte Ablaufprozesse, Warenwirtschaftssysteme und personalwirtschaftliche Themen mit.
¶
Besonders motivierend fand ich im Fach Projektmanagement die Zusammenarbeit mit einem regionalen Unternehmen, für das wir im Projektteam eine Referenzmappe erstellten. Dabei war ich für den Bereich (Arbeitspaket) Layout verantwortlich und musste mich in kurzer Zeit in eine Bildbearbeitungs-Software einarbeiten, um einen CI-orientierten Entwurf zu entwickeln. Außerdem verfüge ich über gute Englischkenntnisse – diese erweitere ich zusätzlich durch den Besuch des LCCI–Wirtschaftsenglisch-Kurses an unserer Schule.
¶
Gerne lerne ich Sie und Ihr Unternehmen in einem Vorstellungsgespräch kennen und überzeuge evtl. durch Probearbeiten von meiner Eignung.
¶

Mit freundlichen Grüßen	**Anlagen**
¶	Lebenslauf mit Foto
¶	Schulzeugnisse
¶	Praktikumsnachweise

Seite einrichten
oben 5,08 cm
links 2,5 cm

4. Zeile
Empfängeranschrift

12. Zeile
Datum

Silbentrennung aktivieren

Tabstop setzen
linksbündig
10 cm

Stellenausschreibung

Wagner AG
Saarburger Landstraße 116
54290 Trier
Tel. 0561 96897-120

Für unsere national und international tätigen Kunden im Raum Trier suchen wir ab sofort

Industriekaufleute (m/w)

Ihre Aufgaben:

- Ihr Aufgabengebiet umfasst die verschiedensten kaufmännischen Tätigkeiten von der fachgerechten Beratung und Betreuung der Kunden, der kompletten Auftragsbearbeitung bis hin zur Rechnungserstellung
- Abwicklung von Reklamationen und Erstellung von Gutschriften
- Sie sind verantwortlich für das Nachfassen der Aufträge und die Sicherstellung eines reibungslosen Ablaufes
- Als kompetenter Ansprechpartner stehen Sie sowohl Kunden als auch Lieferanten bei Problemstellungen lösungsorientiert zur Seite
- Außerdem werden Sie in die Entwicklung und Umsetzung von Prozessoptimierungen eingebunden

Fachliche Anforderungen:

- Abgeschlossene Ausbildung zum Industriekaufmann/-frau
- Erste Berufserfahrung durch Ihre Ausbildung in den Bereichen Marketing, Vertrieb, Customer Service sind von Vorteil
- Sicherer Umgang mit den gängigen MS Office-Anwendungen und optimalerweise SAP R/3
- Fremdsprachenkenntnisse sind wünschenswert

Persönliche Fähigkeiten:

- Strukturierte und akkurate Arbeitsweise
- Hohe Dienstleistungs- und Servicementalität
- Gute Ausdrucks- und Umgangsformen
- Teamfähigkeit und Engagement

Wir bieten Ihnen spannende Aufgaben bei unseren Kunden, attraktive Entlohnung und zielgerichtete Weiterbildungsmaßnahmen. Bei guter Leistung besteht die Möglichkeit der Übernahme in eine Festanstellung bei einem unserer Kunden. Für einen ersten vertraulichen Kontakt steht Ihnen Frau Gertrud Berger (Tel +49 (0) 651/96897-125) gern zur Verfügung. Interessiert? Dann freuen wir uns auf Ihre aussagefähigen Bewerbungsunterlagen (max. 5 MB) unter Angabe des frühestmöglichen Eintrittstermins bevorzugt per E-Mail an: office.trier@wagner.de

Das können wir für Sie tun:

- Überwiegend unbefristeter Arbeitsvertrag nach Tarifvertrag DGB/IGZ
- Übertarifliches Festgehalt und Sicherheit durch Lohnfortzahlung bei Nicht-Einsatz und Krankheit
- 26 Tage Urlaub sowie ggf. Zahlung von Zulagen (VMA, Fahrtgeld)
- Interessante Einsätze bei namhaften nationalen und internationalen Unternehmen
- Kontinuierliche Betreuung während des Kundeneinsatzes
- Weiterentwicklung Ihrer Berufserfahrung durch qualifizierte Einsätze in verschiedenen Branchen
- Karrieretipps und Bewerbercoaching
- Individuelle Fort- und Weiterbildungsmöglichkeiten

Seite einrichten
oben 5,08 cm
links 2,5 cm

Julia Martínez • Augustastraße 34 • 54516 Wittlich
Tel. 06571 8972687 • E-Mail: j-martinez@t-online.de

¶
¶
¶
Wagner AG
Frau Gertrud Berger
Saarburger Landstraße 116
54290 Trier
¶
¶
¶
¶

4. Zeile
Empfängeranschrift

9. März 20..

12. Zeile
Datum

¶
¶

Bewerbung zur Industriekauffrau
Jobbörse StepStone KZ 5687412 und unser Telefongespräch
¶
¶
Sehr geehrte Frau Berger,
¶
herzlichen Dank für die am Telefon gegebenen zusätzlichen Informationen. Zurzeit arbeite ich bei Stahlbau Fatas in Trier in der Vertriebsabteilung mit dem Schwerpunkt After-Sales-Betreuung.
¶
Die Ausschreibung zur Industriekauffrau in Ihrem Unternehmen hat mir sehr gefallen, da ich in dem ausgeschriebenen Tätigkeitsfeld große Entwicklungsmöglichkeiten sehe. Insbesondre sprechen mich die Einsätze mit nationalen und internationalen Unternehmen an. Meine mehrjährigen Erfahrungen im Bereich Customer Service förderten meine Anpassungsfähigkeit im multikulturellen Umgang mit Geschäftskunden.
¶
Außerdem habe ich auf der Basis der ausgewerteten Daten bereits mehrere Optimierungsprozesse für die Produktionsabläufe angeregt und dafür Sonderzahlungen erhalten. Der Einsatz von SAP R/3 und MS-Office gehört zu meinem täglichen Handwerk.
¶
Mein Wunsch ist es, Freude an der Arbeit zu haben, das heißt für mich vor allem, ein Teil eines engagierten Teams zu werden, bei dem ich meine Kompetenzen einbringen kann. Ein optimaler Eintrittstermin wäre für mich der 1. August 20.. Ich würde mich freuen, eine neue Herausforderung in Ihrem Unternehmen zu finden.
¶
Mit freundlichen Grüßen
¶
¶
¶
Anlagen
1 Lebenslauf mit Foto
2 Schulzeugnisse
1 Arbeitszeugnis

Silbentrennung aktivieren

Anlagen zur Bewerbung

Passgenau zur ausgeschriebenen Stelle sollten die Anlagen chronologisch zusammengestellt werden, und zwar beginnend mit der aktuellsten. Hierzu gehören:

- Schulabgangszeugnis bzw. aktuellstes Zeugnis
- Arbeitszeugnisse bzw. Praktikumsbeurteilungen
- Berufsqualifizierender Abschluss (Kammerzeugnis, Diplomurkunde ...)
- Fortbildungsnachweise (Erwerb eines weiteren beruflichen Abschlusses)
- Teilnahmebescheinigungen an Weiterbildungen
- Referenzen

Die Anlagen müssen nur dann beglaubigt werden, wenn dies ausdrücklich gefordert wird. Beglaubigungen erhalten Sie bei der Stadt- oder Gemeindeverwaltung, Schule oder Polizei. Achten Sie bei allen Unterlagen auf eine gute Kopierqualität.

Datei-Ordner für Bewerbungskorrespondenz

Legen Sie sich einen Ordner für Ihre Bewerbungsunterlagen auf Ihrem PC an. Erstellen Sie für jedes Unternehmen einen weiteren Unterordner, in den Sie die dazugehörigen Dateien abspeichern.

Bewerbungsmappe per Post

Wählen Sie für Ihre Unterlagen eine hochwertige, optisch ansprechende, dezent und seriös wirkende Kunststoffmappe mit Klemmleiste oder eine spezielle Bewerbungsmappe. Verwenden Sie keine Klarsichthüllen. Das Anschreiben legen Sie lose auf die Bewerbungsmappe. In die Kunststoffmappe mit Klemmleiste legen Sie zuerst das Deckblatt, dann den Lebenslauf und chronologisch sortiert die Anlagen. Orientieren Sie sich bei einer speziellen Bewerbungsmappe hinsichtlich der Einordnung der Dokumente an die Herstellervorgaben.

Sie sollten Ihre Bewerbungsunterlagen gut verpackt verschicken. Am besten nehmen Sie einen stabilen B4-Umschlag mit einer Papprückwand. So verhindern Sie, dass die Unterlagen geknickt werden. Beim Empfänger interessiert es niemanden, warum eine Sendung in schlechter Qualität ankommt.

Beschriften Sie den Umschlag mit den korrekten Anschriftdaten des Bewerbungsschreibens. Eigentlich selbstverständlich, aber es soll dennoch gesagt werden: Achten Sie unbedingt darauf, dass der Brief ausreichend frankiert ist. Fragen Sie lieber im Postamt nach, als dass Sie nachher aufgrund einer falschen Schätzung zu wenig Porto nehmen.

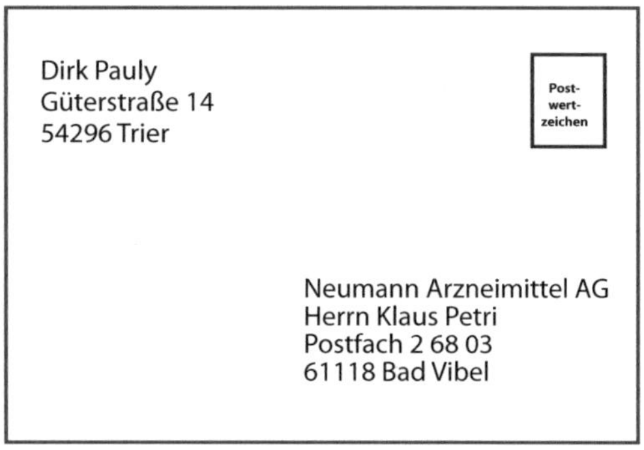

Online-Bewerbung

Heutzutage fordern viele Unternehmen nur noch Bewerbungen auf elektronischem Wege. Dies kann in Form einer E-Mail oder einem Online-Bewerbungsformular geschehen. Der Bewerbungsprozess wird sowohl für den Bewerber als auch für die Personalverantwortlichen entscheidend vereinfacht und beschleunigt. Außerdem zeigt der Bewerber den kompetenten Umgang mit den neuen Technologien.

Die Bewerbung erreicht innerhalb weniger Sekunden das Unternehmen. Sie erhalten in der Regel ein schnelles Feedback in Form einer Eingangsbestätigung. Das Unternehmen kann die Daten ohne großen Aufwand intern weiterbearbeiten bzw. weiterleiten (vgl. Eckert 2012).

Tipps zur professionellen E-Mail-Bewerbung

Bei der E-Mail-Bewerbung gelten für Sie die gleichen Regeln wie bei den **Bewerbungsunterlagen** in Papierformat – ansprechende äußere Form und werbewirksame Inhalte. Allerdings fallen die Fehler einer E-Mail-Bewerbung nicht direkt ins Auge. Achten Sie deshalb auf folgende Kriterien:

- Wählen Sie keinen E-Mail-Dienstleister, der die Werbung integriert hat. Dies geschieht meistens bei Freemail-Anbietern – allerdings können Sie gegen Gebühr die E-Mails von der Werbung befreien. Am besten richten Sie auf Ihrem Rechner ein (kostenfreies) E-Mail-Programm ein. In den meisten Fällen ist ein solches bereits installiert, das Sie nur noch einrichten müssen. Unter „Benutzerinformationen" sollte Ihr voller Vor- und Zuname eingetragen sein.

- Achten Sie darauf, dass Ihr Postfach immer aufgeräumt ist, um für die Antworten der Unternehmen genügend Speicherplatz zur Verfügung zu haben. Eine Fehlermeldung an das Unternehmen wirkt sehr unprofessionell und kann schon für eine Ablehnung sorgen, bzw. Sie verpassen die Einladung für das Vorstellungsgespräch.

- Verwenden Sie eine E-Mail-Adresse mit Ihrem Vor- und Nachnamen (vorname_nachname@provider.de). Diese Adresse sollten Sie dann eine Zeit lang beibehalten.

- Versenden Sie Ihre E-Mail direkt an den gewünschten Personalverantwortlichen (rainer-mueller@unternehmen.de) und nicht an die allgemeine E-Mail-Adresse des Unternehmens (info@unternehmen.de).

- Schreiben Sie einen aussagekräftigen Betreff – nehmen Sie Bezug auf die Stellenausschreibung, ggf. mit Kennziffer.

- Denken Sie an die persönliche Anrede des Personalverantwortlichen.

- Verfassen Sie ein kurzes Anschreiben, in dem Sie Bezug auf die ausgeschriebene Stelle und Ihre Datei-Anhänge nehmen. Wählen Sie als E-Mail-Format „Nur-Text". HTML-E-Mails werden oft nicht richtig dargestellt.

- Fügen Sie unter Ihren Brieftext eine E-Mail-Signatur mit Ihren Kontaktdaten (Adresse, Telefon- und Handynummer, E-Mail-Adresse und ggf. Faxnummer und Homepage) ein, damit Ihr Korrespondenzpartner Sie ggf. auch über ein anderes Medium erreichen kann.

- Verschicken Sie Ihre Datei-Anhänge in PDF-Format und nur auf Wunsch im Format eines Textverarbeitungsprogrammes (z. B. doc-Datei oder odt-Dateien). Verzichten Sie darauf, Ihre Datei-Anhänge als zip-Datei zu verpacken.

- Achten Sie darauf, dass Ihre Dateien nicht größer als zwei bis drei Megabyte sind. Größere Dateien kommen oft nicht an. Mit der rechten Maustaste können Sie unter „Eigenschaften" die Dateigröße feststellen.

- Verschicken Sie Ihre E-Mail-Bewerbung nicht mit einer Empfängerbestätigung, da Sie nicht wissen, mit welchem Programm der Empfänger arbeitet. Das kann ansonsten zu Fehler führen, bzw. Sie denken, dass die Bewerbung nicht angekommen ist.

Digitale Bewerbungsunterlagen im E-Mail-Anhang

In der Regel sollten Sie Ihrer E-Mail-Bewerbung zwei bis drei Dateien anfügen, die sich vom inhaltlichen Aufbau Ihrer Bewerbung in Papierform nicht unterscheiden: Anschreiben, Lebenslauf und Zeugnisse. Haben Sie bisher Ihr Foto auf dem Deckblatt platziert, so fügen Sie es jetzt rechts oben im Lebenslauf ein. Wandeln Sie Ihre Dateien in PDF-Dokumente um, Ihr Layout bleibt unverändert, und der Personalverantwortliche kann Ihre Dokumente auf jeden Fall lesen.

Ihre Zeugnisse sollten Sie chronologisch, sauber und gut lesbar in ein Dokument einscannen. Sie können zunächst nur die wichtigsten Zeugnisse versenden, auf Anfrage reichen Sie den kompletten Satz nach. Wenn Sie aber über sechs Dokumente haben, empfiehlt es sich, vor die Zeugnisse ein Anlageverzeichnis zu stellen, das am besten mit Textmarken an den Dokumenten verlinkt wird.

Geben Sie Ihren Dokumenten aussagekräftige Dateinamen, damit das Unternehmen schnell Ihre Unterlagen in der elektronischen Ablage wiederfindet:

- nachname_vorname_Anschreiben.pdf
- nachname_vorname_Lebenslauf.pdf
- nachname_vorname_Zeugnisse.pdf

E-Mail-Bewerbung versenden

Bevor Sie Ihre Bewerbung an das Unternehmen versenden, mailen Sie sich zunächst selbst die Bewerbung. Überprüfen Sie dann:

- Benutzerinformationen (Vor- und Nachname)
- Korrekter Betreff
- Persönliche Anrede
- Brieftext (Layout)
- Signatur
- Anhang (drei Dateien)

Lassen Sie ggf. eine zweite Person über Ihre Bewerbungsmail schauen und versenden Sie sie dann an den entsprechenden Personalverantwortlichen.

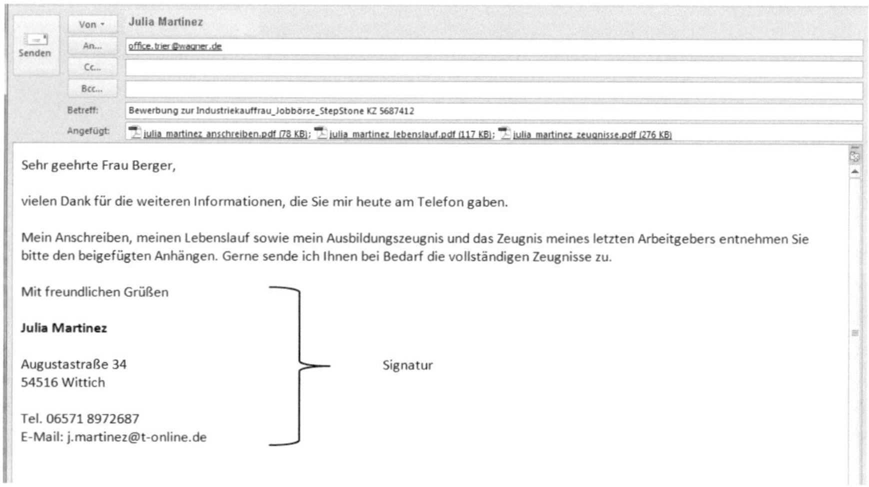

Von: Julia Martinez
An...: office.trier@wagner.de
Cc...:
Bcc...:
Betreff: Bewerbung zur Industriekauffrau_Jobbörse_StepStone KZ 5687412
Angefügt: julia_martinez_anschreiben.pdf (78 KB); julia_martinez_lebenslauf.pdf (117 KB); julia_martinez_zeugnisse.pdf (276 KB)

Sehr geehrte Frau Berger,

vielen Dank für die weiteren Informationen, die Sie mir heute am Telefon gaben.

Mein Anschreiben, meinen Lebenslauf sowie mein Ausbildungszeugnis und das Zeugnis meines letzten Arbeitgebers entnehmen Sie bitte den beigefügten Anhängen. Gerne sende ich Ihnen bei Bedarf die vollständigen Zeugnisse zu.

Mit freundlichen Grüßen

Julia Martinez

Augustastraße 34
54516 Wittich

Tel. 06571 8972687
E-Mail: j.martinez@t-online.de

Signatur

Bewerbung mit Online-Formularen

Immer mehr Unternehmen akzeptieren nur noch ihre eigenen standardisierten Online-Formulare. Im Vergleich zu E-Mail- oder Mappenbewerbungen besteht der Vorteil für die Arbeitgeber darin, eingehende Bewerbungen leichter speichern, verarbeiten und auswerten zu können. Es entstehen weniger Kosten.

Es gibt drei Arten von Bewerbungsformularen:

1. Die erste Formularart dient, ähnlich einer Kurzbewerbung, nur der ersten Kontaktaufnahme. Nach einer Bewerbervorauswahl werden dann die vollständigen Bewerbungsunterlagen angefordert.
2. Die zweite Formularart können Sie mit einer vollständigen Bewerbung vergleichen. Hier müssen Sie weitaus mehr Fragen beantworten und zusätzliche Freitextfelder ausfüllen. Auch haben Sie fast immer die Möglichkeit, Dateien an Ihre Bewerbung anzufügen.
3. Die dritte Variante sind komplette Softwarelösungen, die fast kleine Assessment-Center sind. Größere Unternehmen entwickeln immer ausgefeiltere Recruitingwerkzeuge.

Füllen Sie das Formular sorgfältig aus und nutzen Sie die Gelegenheit, weitere Unterlagen hochzuladen (upload). Verwenden Sie die Freitextfelder, um Ihre Persönlichkeit ins rechte Licht zu rücken. Wählen Sie aussagekräftige Überschriften und prägnante Formulierungen. Schreiben Sie nicht nur wichtige Rahmendaten, sondern beginnen Sie im ersten Freitextfeld mit einer kurzen Begrüßung. Schreiben Sie zum Schluss eine Grußformel. Dies ist höflich, und Sie schlagen eine persönliche Brücke zum Leser.

Machen Sie sich eine Kopie von der Bewerbung, um die Daten beim Vorstellungsgespräch zur Hand zu haben. Überprüfen Sie auch hier wieder Ihre Rechtschreibung, bevor Sie das Formular absenden. Nutzen Sie diese Daten für weitere Online-Formulare, sicherlich können an den verschiedenen Stellen Formulierungen wiederverwendet werden. Außerdem bietet das Textverarbeitungsprogramm eine gute Hilfe, um sich Tippfehler anzeigen zu lassen (vgl. Hofert 2009, S. 38-39).

Initiativbewerbung

Mittlerweile werden immer weniger Stellen öffentlich ausgeschrieben. Deshalb sollten Sie selbst aktiv werden. Bewerben Sie sich initiativ.

Damit Ihre erste Kontaktaufnahme zum Erfolg führt, sollten Sie sich ein passgenaues Stellenprofil für Ihre Wunschposition erstellen. Finden Sie durch intensive Recherche über das Unternehmen und Sammeln von Stellenanzeigen, in denen Ihre Wunschposition ausgeschrieben ist, heraus, welche Anforderungen Ihr Wunscharbeitgeber an den zukünftigen Mitarbeiter hat, damit Sie in Ihrem Stellenprofil (Aufgaben, Hard und Soft Skills) exakt darauf eingehen können. Nur wenn Sie die Anforderungen an die Stelle kennen, können Sie Ihren Wunscharbeitgeber überzeugen.

Zur Vorbereitung auf die erste Kontaktaufnahme sollten Sie sich Ihre Hard und Soft Skills notieren. Zum Beispiel möchten Sie sich bei Versicherungen bewerben und haben folgendes Kurzprofil:

- sechsjährige Berufserfahrung in einem Inkassobüro
- Verantwortungsbewusste Terminplanung und Fristenkontrolle
- Selbstständige Durchführung von Mahn- und Zwangsvollstreckungsverfahren
- Kunden- und serviceorientierte Auftragsannahme
- Fernstudium zur Rechtsfachwirtin

Telefonischer Kontakt

Sie haben die Möglichkeit, mit Ihrem Wunscharbeitgeber erst einmal telefonisch in Kontakt zu treten. Bei dem Telefonat mit der Personal- oder entsprechenden Fachabteilung präsentieren Sie nun Ihr individuelles Kurzprofil und fragen, ob es lohnt, sich schriftlich zu bewerben auf eine kurzfristig oder längerfristig zu besetzende Stelle. Wenn das Unternehmen Interesse an Ihrer Bewerbung signalisiert, erfragen Sie den Namen des Personalverantwortlichen, damit Ihre Unterlagen direkt in die richtige Hände gelangen.

Die Initiativbewerbung ist nicht mit der Blindbewerbung zu verwechseln, die Sie nicht an einen konkreten Ansprechpartner verschicken und bei der Sie auch nicht den Stellenbedarf kennen.

Kontakt über die Unternehmenshomepage

Neben der telefonischen Kontaktaufnahme bieten mittlerweile viele Unternehmen auf ihrer Website die Möglichkeit an, sich initiativ zu bewerben. Teilweise fordern die Unternehmen auf ihren Websites zur Initiativbewerbung auf, die als E-Mail-Bewerbung oder Online-Formular-Bewerbung gesendet werden kann.

Telefoninterview

Ihre Bewerbung hat das Unternehmen anscheinend überzeugt, und Sie erhalten einen Telefonanruf von der Personalabteilung.

Vorbereitung

Im günstigsten Fall wird mit Ihnen ein Termin für das Telefoninterview vereinbart. Dann können Sie sich in Ruhe auf das Gespräch vorbereiten, indem Sie Ihre Bewerbungsunterlagen sowie die Ergebnisse Ihrer Firmenrecherche (Wirtschaftsdaten, Karriereinformationen) bereitlegen. Machen Sie sich schlau über Namen und Position des Gesprächspartners, ggf. suchen Sie in sozialen Netzwerken (Xing). Versuchen Sie über Pressemeldungen noch mehr über das Unternehmen zu erfahren (Hofert 2009, S. 87).

Bereiten Sie Fragen vor, die Sie dem Interviewer stellen möchten, z. B. hinsichtlich Tätigkeiten und Schwerpunkte, Unternehmenskultur und Führungsstil, Entwicklungsmöglichkeiten oder Fortbildungen. Das Thema Gehalt ist für Sie am Telefon noch tabu, dies wird erst beim persönlichen Vorstellungsgespräch erörtert. Für den Personalverantwortlichen gelten diese Regeln nicht, es kann schon sein, dass er Sie nach den Gehaltsvorstellungen fragt.

Durchführung

Nicht so einfach ist es, wenn das Telefoninterview sofort stattfinden soll. Dann müssen Sie spontan reagieren. Sollte es sich um eine ganz unpassende Situation handeln, bitten Sie um einen späteren Termin, damit Sie in Ruhe telefonieren können und ggf. Ihre Arbeitsunterlagen zur Hand haben. Das macht auf den Personalverantwortlichen sogar einen souveränen Eindruck. Während des Telefonats beachten Sie die gängigen Regeln der Höflichkeit. Sprechen Sie Ihren Gesprächspartner immer wieder mit Namen an und lassen Sie ihn ausreden. Achten Sie zudem auf Sprachgeschwindigkeit und -lautstärke. Antworten Sie gezielt auf die Fragen, lassen Sie sich aber andererseits nicht alles aus der Nase ziehen.

Nachbereitung

Die Zeit nach dem Vorstellungsgespräch bietet Gelegenheit, noch einmal über das Gespräch, die Arbeitsstelle und das Unternehmen nachzudenken. Bei einer Zusage können dabei wertvolle Anregungen für die ersten Tage herauskommen, oder bei einer Absage wichtige Erkenntnisse für spätere Vorstellungsgespräche. Ihr eigener Eindruck von dem Unternehmen und den potenziellen Kollegen ist nach dem Interview mindestens genauso wichtig wie der Eindruck den Sie bei dem Personalverantwortlichen hinterlassen haben. Schließlich sollte Ihnen diese Arbeitsstelle auch für einen längeren Zeitraum gefallen. Folgende Punkte sollten Sie sich klarmachen und noch einmal Revue passieren lassen:

- Wie wurden Sie behandelt?
- Wie war die Gesprächsatmosphäre?
- Können Sie sich vorstellen, dort täglich zu arbeiten?
- Trauen Sie sich die Aufgaben zu?
- Sind Sie mit den Arbeitsbedingungen zufrieden?
- Was ist gut gelaufen, was nicht so gut?
- Was können Sie beim nächsten Mal besser machen?

In den meisten Fällen werden Sie am Ende des Telefoninterviews einen Termin mitgeteilt bekommen, bis zu dem Sie eine Rückmeldung erhalten. Wenn Sie länger als vereinbart auf eine Rückmeldung des Unternehmens warten, rufen Sie am besten bei dem direkten Ansprechpartner an und bitten freundlich um Auskunft über den derzeitigen Stand des Bewerbungsverfahrens.

Äußeres Erscheinungsbild

Es ist so weit. Das Unternehmen lädt Sie zum Eigungstest, Assessment-Center oder direkt zum Vorstellungsgespräch ein. Was ziehe ich an? Zwar gibt es von Branche zu Branche durchaus Unterschiede, was die Mitarbeiter(innen) im Arbeitsalltag tragen, doch lassen sich für Vorstellungsgespräche einige Grundregeln aufstellen, die Ihrer Bewerbung mit Sicherheit förderlich sind.

Bedenken Sie, dass nachgewiesenermaßen die ersten zwanzig Sekunden eines Vorstellungsgesprächs bereits einen manifesten Eindruck vermitteln, der im Verlauf eines Gespräches kaum zu revidieren ist. Da Sie zu einem solch frühen Zeitpunkt verbal noch nichts Wesentliches von sich geben konnten, wird dieser Eindruck maßgeblich durch Äußerlichkeiten wie Kleidung, Stil, Offenheit und Auftreten mitbestimmt.

Das oberste Kleidungsgebot heißt: dezent! Keine schreienden Farben, keine Extreme. Persönlicher Stil drückt sich nicht in High Heels oder Krawatten mit Weihnachtsmännern aus. Verlegen Sie stilistische Bemühungen lieber auf die Inhalte des Gesprächs, nicht so sehr auf Äußeres. Also, hier kommt die Sicherheitsliste, mit der Sie auf jeden Fall nichts falsch machen.

Für Männer

Gedeckter Anzug oder Jackett mit gepflegter Jeans, sauber, unzerknittert, farblich abgestimmtes Oberhemd, Krawatte, dunkle Socken, geputzte Straßenschuhe mit intakten Sohlen und Absätzen, saubere Rasur oder gepflegter Bart, wenig Duftwasser, erkennbare Frisur, gewaschen und gekämmt (eventuell Friseur), gepflegte Fingernägel, Deo kann nicht schaden.

Negativ: auffallender Schmuck, überdimensionierte Uhren gewisser Hersteller, weiße Socken, Turnschuhe, Rucksäcke, Sonnenbrille, Alkohol (auch nicht am Abend vorher, man riecht es!), Zigaretten (für Nichtraucher kann der Nikotindunst sehr unangenehm sein. Lutschen Sie u. U. vorher Pfefferminz), Knoblauch weniger als zwei Tage vor dem Termin, Zwiebeln am Abend vorher.

Für Frauen

Kostüm, Hosenanzug, Kleid oder Rock, farblich abgestimmte Bluse, Seidenstrümpfe, bequeme, aber durchaus modische Schuhe, dezenter Schmuck, dezentes Make-up.

Negativ: Miniröcke, Lederkleidung, alles was sexy ist: durchsichtige Spitze etc., greller Nagellack, ungepflegte Fingernägel, überdimensionierter Schmuck, der womöglich klappert, Duftwolken des Lieblingsparfüms, Kosmetiktäschchen, Löwenmähne, Sonnenbrille, Alkohol (auch nicht am Abend vorher, man riecht es!), Zigaretten (für Nichtraucher kann der Nikotindunst sehr unangenehm sein. Lutschen Sie u. U. vorher Pfefferminz), Knoblauch weniger als zwei Tage vor dem Termin, Zwiebeln am Abend vorher.

Eignungstest

Online-Assessment-Center (O-AC)

Bewerber, die für das Unternehmen interessant erscheinen, werden zu einem Online-Assessment eingeladen. Hier müssen Sie sich in den verschiedenen Fachbereichen beweisen. In der Regel werden kognitive Fähigkeiten, also Fähigkeiten des Problemlösens, des Vorstellens und des Planes, überprüft. Diese Phase lässt sich gut trainieren. In entsprechenden Büchern oder im Internet (z. B. www.testedich.de, www.toefl.org) finden Sie entsprechende Übungen.

Einerseits erkennen die Unternehmen an der Bereitschaft des Bewerbers an einem solchen O-AC mitzumachen, dass er ernsthaft an dieser Stelle Interesse hat. Andererseits ist der Vorteil für die Unternehmen eindeutig: Die Bewerber müssen nicht erst zu einem Vorgespräch eingeladen werden. Das bedeutet für das Unternehmen wie auch für Bewerber eine hohe Zeit- und Kosteneinsparung. Erst nach einem solchen O-AC kommt es zu einem persönlichen Telefongespräch und ggf. zu einem herkömmlichen AC.

Persönlichkeitstests

Sie werden zum Eignungstest eingeladen. Was kann Sie erwarten? Es gibt verschiedene Tests, auf die Sie sich vorbereiten sollten:

- Intelligenztest
- Leistungs- und Fähigkeitstest
- Persönlichkeits- und Charaktertest

Auf diese Tests sollten Sie sich vorbereiten, um sich an die Art der Übungsaufgaben zu gewöhnen. Es kommt bei den Aufgaben nicht auf die quantitative, sondern auf die qualitative Lösung an. Im Internet finden Sie eine ausreichende Auswahl an Tests.

Assessment-Center (AC)

„Das **Assessment-Center** (assessment = Einschätzung, Beurteilung) ist ein Verfahren, um Bewerber nach objektiven und fairen Kriterien auswählen zu können. Dabei werden mehrere Bewerber gleichzeitig von mehreren Beobachtern bei verschiedenen Aufgaben beobachtet und bewertet." (Hankes & Ollenik 2009).

Je nach Unternehmen werden Sie nach dem Telefoninterwiev oder nach dem Vorstellungsgespräch zum AC eingeladen. Das wird eine besondere Herausforderung, Ihre Anspannung wird steigen. Ihre fachlichen Kompetenzen (Hard Skills) sind bereits anerkannt, und nun möchte das Unternehmen sehen, wie es um Ihre Soft Skills steht. Ein Gremium aus Personalverantwortlichen und Abteilungsleiter beurteilt, wer am besten für die ausgeschriebene Stelle geeignet ist. Bewertet werden das sichtbare Verhalten und vor allen Dingen die Körpersprache. Das geschieht meistens mit Präsentationen, Gruppendiskussionen und Planungsaufgaben.

Das Assessment-Center bedeutet also eine Rundum-Prüfung Ihrer Person. Sie werden mit mehreren Mitbewerber(innen) in berufsbezogene Situationen versetzt, Ihre soziale und methodische Kompetenz stehen im Mittelpunkt.

Selbstpräsentation

Die Selbstpräsentation steht in der Regel am Anfang des Assessment-Centers. Hier können Sie gut verbereitet an einem roten Faden Ihren Werdegang darstellen und Sympathiepunkte sammeln. Erläutern Sie Ihre Qualifikationen mithilfe von Beispielen. Ihre Körpersprache wird während der Selbstpräsentation besonders beobachtet. Treten Sie sicher, kompetent und überzeugend auf. Verdeutlichen Sie den Beobachtern, dass Sie die Beziehungsebene der Kommunikation mit Mimik, Gestik und Tonfall bewusst gestalten können. Setzen Sie Medien ein – verwenden Sie ggf. ein Metapher für Ihre eigene Person. Dadurch wird Ihr Vortrag lebendiger und bildlicher.

Gruppendiskussion

Für die **Gruppendiskussion** erhalten Sie in der Regel eine Aufgabe mit Zeitvorgabe, die Sie nach der Diskussion zusammenfassen sollen. Für diese Diskussionsrunde empfiehlt es sich, nachfolgende Gesprächsregeln nach Pabst-Weinschenk (2004) zu beachten:

Gesprächsregeln Teil 1

Ausreden lassen und gut zuhören: Gutes Zuhören erfordert zwar etwas mehr Zeit, aber diese Zeit ist eine ausgezeichnete Investition in die Qualität der Diskussion. Wir sind gut beraten, wenn wir unsere eigene Meinung manchmal für eine gewisse Zeit beiseitelassen, um den Standpunkt eines Diskussionspartners zu verstehen und uns in seine Perspektive einzufühlen.

Ich-Botschaften statt Man-Formeln: Pauschale Verallgemeinerungen (man) machen aus einem kooperativen Miteinander schnell ein Sieg-Niederlagen-Spiel: Die anderen fühlen sich angegriffen, wenn sie so belehrt oder vereinnahmt werden. Ich-Botschaften bieten jedem mehr Chancen, den Reichtum seiner eigenen Anschauungen und Kreativität auszuschöpfen.

Körpersprache und Sprechausdruck beachten: „Der Ton macht die Musik" wird oft gesagt, wenn auf die grundlegende Bedeutung von Körpersprache und Sprechausdruck hingewiesen wird. Das Nonverbale ist ein ursprüngliches Kommunikationsmittel des Menschen. Widersprechen die nonverbalen Botschaften den Worten, entstehen Verwirrung und Zweifel an der Glaubwürdigkeit des Kommunikationspartners.

Das Positive betonen: Optimismus und Wohlwollen werden gefördert, wenn die positiven Aspekte einer Situation, eines Problems oder einer Person herausgestellt werden. So zeigen Sie auch Respekt und Wertschätzung anderen gegenüber. Das Positive, das Sie aussenden, kommt in der Regel zu Ihnen zurück.

Rückmeldungen ernst nehmen: Je wichtiger Sie für Ihre Kommunikationspartner sind, desto aufmerksamer werden Sie beobachtet. Darum lohnt es sich, die Beobachtungen und Rückmeldungen Ihrer Partner ernst zu nehmen.

Nicht übertreiben oder immer bei Adam und Eva anfangen: Sie diskutieren unter Zeitdruck, und Ihre Diskussionspartner sind darauf angewiesen, nicht immer erst die Spreu vom Weizen trennen zu müssen. Deshalb: Drücken Sie sich vernünftig und realistisch aus und vermeiden Sie Übertreibungen oder lange Herleitungen.

Annahmen explizit überprüfen: Sie sollten überprüfen, was Sie glauben, gehört zu haben: „Meinen Sie damit, dass ..." Nur mit einer solchen ausdrücklichen Überprüfung und Kontrolle des eigenen Verstehens können Missverständnisse vermieden werden.

Gesprächsregeln Teil 2

Sich genau und klar ausdrücken: Vermeiden Sie eine unklare Terminologie und bestehen Sie darauf, dass die anderen Diskussionspartner sich ebenfalls klar und genau ausdrücken. Das gilt für Ideen, Vorschläge genauso wie für Gefühle, Feedbacks usw.

Jedes Ding hat viele Seiten: Es sollte eine gewisse Vielfalt von Perspektiven existieren, weil Sie dann mehrere Optionen zur Problemlösung haben. Jedes Ereignis und jedes Problem kann man von verschiedenen Standpunkten aus betrachten. Verschiedene Standpunkte müssen nicht zum Streit führen, sondern sie bereichern jedes Gespräch.

Relevant und kongruent sprechen: Finden Sie heraus, was Sie für wichtig halten, und illustrieren Sie das durch Beispiele. Keine Zeit mit Nebensächlichkeiten verschwenden. Wer so spricht, wird ernst genommen und als Gesprächspartner geschätzt.

Mut zu abweichender Meinung: Wenn Sie eine abweichende Meinung haben, sollten Sie sie mutig immer wieder auch vertreten. Versuchen Sie dabei jedoch nicht, klüger als die anderen zu sein oder den eigenen Standpunkt rücksichtslos durchzusetzen. Tragen Sie Ihre abweichende Meinung freundlich und mit einsichtigen Argumenten vor, damit die anderen hören, was Sie meinen.

Keine unfairen Tricks: Sarkasmus, Unterbrechen, Ignorieren, Themenwechsel, persönliche Angriffe, Übertreibungen usw. sind Verhaltensweisen, die andere verletzen und aus einem Miteinander ein Sieg-Niederlagen-Spiel machen. Die Quittung: Gemeinheiten erweisen sich als Bumerang, und das sachbezogene Gespräch gleitet ab in anstrengende, aufreibende Kämpfe einzelner Teilnehmer.

Mit Takt, Rücksicht und Wohlwollen: Nutzen Sie keine persönlichen Schwächen anderer aus, stellen Sie sie nicht bloß. Bemühen Sie sich um ein Klima, das von gegenseitigem Wohlwollen bestimmt ist.

Nicht predigen oder Vorlesungen halten: Lange Monologe belasten jede Gesprächsbeziehung. Wer in Selbstüberschätzung meint, er habe schon die richtige Lösung parat, zieht in einer Diskussionsrunde für die Beobachter auf jeden Fall den Kürzeren.

Positiv werden Sie abschneiden, wenn Sie mit stichhaltigen Argumentationen die Diskussion in Gang bringen, zu Zwischenergebnissen kommen und wortkarge Teilnehmer mit Aufforderungsgesten mit einbeziehen. Machen Sie sich Notizen, um später die Gruppenmeinung zusammenzufassen. Die Beobachter überprüfen, wie Sie sich bei der Ergebnisfindung verhalten.

Planungsaufgaben

Bei **Planungsaufgaben** werden schriftliche Rahmenbedingungen vorgegeben und es müssen organisatorische Entscheidungen getroffen werden. Eine der bekanntesten Planungsaufgaben ist die Postkorbübung. Sie müssen eine Ablage durchsehen und die entsprechenden Schriftstücke in einer vorgegebenen Zeit bearbeiten. Es handelt sich um Aufzeichnungen betrieblicher Vorgänge, Entscheidungsvorlagen und private Notizen. Mit dieser Übung werden u. a. Ihre analytischen Fähigkeiten, Ihre Entscheidungsbereitschaft und wegen des Zeitdrucks Ihre emotionale Stabilität geprüft.

Ein AC bringt für das Unternehmen erhebliche Vorteile. Zum einen kommt es zu direkten Vergleichsmöglichkeiten der Bewerber und zum anderen verteilt sich die Personalentscheidung auf mehrere Schultern. (Püttjer & Schnierda 2008 S. 22 ff).

Vorstellungsgespräch

Sie haben die zweite Hürde geschafft und werden zum Vorstellungsgespräch eingeladen. Nun gilt es, sich noch einmal intensiv sich mit dem Firmenprofil auseinanderzusetzen. Sie müssen damit rechnen, dass ein Personalverantwortlicher und ein Fachverantwortlicher an dem Gespräch teilnehmen. Sprechen Sie beide mit Namen an und schenken Sie möglichst beiden die gleiche Aufmerksamkeit. Folgende Fragen können auf Sie zu kommen:

Einstiegsfragen ins Gespräch

- Haben Sie den Weg gut zu uns gefunden?
- Erzählen Sie uns etwas von sich, warum haben Sie sich bei uns beworben?
- Mit welchen Erwartungen sind Sie in dieses Gespräch gekommen?
- Wie haben Sie sich auf das Gespräch vorbereitet?
- Was hat Sie an unserem Inserat besonders angesprochen?
- Was wissen Sie bereits über unser Unternehmen?

Erwartung an die angebotene Stelle

- Welche Erwartung haben Sie an diese Stelle?
- Welche Anforderungen der Stellenanzeige haben sie weniger angesprochen?
- Welche Ihrer Stärken und Erfahrungen können Sie an dieser Position einbringen?
- Was reizt Sie am meisten an dieser Aufgabe?
- Was möchten Sie über unser Unternehmen wissen?
- Was tun Sie, wenn Sie die Stelle nicht bekommen?
- Was brauchen Sie, um beruflich erfolgreich zu sein?

Verhältnis zum vorherigen Arbeitgeber

- Was meinen Sie, was Ihr ehemaliger Chef jetzt über sie berichten würde, wenn ich ihn anriefe?
- Wie sieht Ihr typischer Arbeitstag zurzeit aus?
- Warum möchten Sie sich beruflich verändern?

Wertschätzung der Firma/Woher kommen die Infos?

- Haben Sie einen besonderen Bezug zu unserem Unternehmen?
- Kennen Sie Mitarbeiter des Unternehmens?

Flexibilität und Anpassungsfähigkeit

- Können Sie sich neuen Gegebenheiten oder Veränderungen eher leicht oder eher schwer anpassen?
- Angenommen ein Mitarbeiter wird länger krank – wie wäre es für Sie, in einem anderen Bereich tätig zu werden?
- Wo liegen Ihre Grenzen in der Flexibilität?
- Was unterscheidet Sie von anderen Bewerbern?

Lebenslauf und Ausbildung

- Warum eine Ausbildung zum XY?
- Welches sind die wichtigsten Stationen in Ihrem Lebenslauf?
- Nennen Sie uns einige Aufgaben, die Ihnen schwerfielen!
- Welche Ihrer Fähigkeiten und beruflichen Qualifikationen möchten Sie zurzeit am ehesten verbessern?
- Was möchten Sie in fünf Jahren gern tun?
- Welches sind zurzeit Ihre Aufgaben, Fähigkeiten und Kompetenzen?
- Arbeiten Sie lieber im Team oder allein?

Methodenkompetenz (Arbeitstechniken)

- Wie stellen Sie sicher, dass Sie Ihre Arbeit termingerecht angehen?
- Für welche Zwecke nutzen Sie das Internet?
- Wonach richten Sie die Prioritäten Ihres Arbeitstages aus?

Sozial- und Personalkompetenz

- Was ist für Sie ein gutes Arbeitsklima?
- Wie zeichnet sich ein Team aus, in dem Sie sich wohlfühlen?
- Mit welcher Art Mensch arbeiten Sie (nicht) gern zusammen?
- Wie motivieren Sie sich?
- Welches sind Ihre größten Stärken und Schwächen?
- Wie gehen Sie generell mit Misserfolg um?
- Bei dieser Stelle ist Zuverlässigkeit (Genauigkeit, Diskretion ...) äußerst wichtig. Wie können Sie mir versichern, dass Sie dafür der geeignete Kandidat sind?

Fragen zum Gehalt

- Was würden Sie in dieser Position gern verdienen?
- Was verdienen Sie in Ihrer jetzigen Position?
- Welchen Stellenwert hat der Lohn für Sie ganz allgemein?
- Wie wichtig ist ein besseres Gehalt für Sie?

Stressfragen

- Beschreiben Sie mir doch bitte Ihren idealen Vorgesetzten.
- Warum sollen wir gerade Sie einstellen?

Abschluss des Interviews

- Haben Sie noch Fragen zum Unternehmen?
- In welchen Punkten sind Sie an der Stelle besonders interessiert?
- Wovon machen Sie Ihre Entscheidung abhängig?

Klärende Fragen

- Wann können Sie bei uns frühestens anfangen?
- Sind Sie an vertragliche Wettbewerbsklauseln gebunden?

(vgl. Schneider 2010)

Unzulässige Fragethemen bei Bewerber-Interviews

Aus arbeitsrechtlichen und moralischen, aber auch Gründen der Fairness und des Anstandes dürfen nicht zu allen Lebens- und Persönlichkeitsbereichen Fragen gestellt werden (vgl. Schneider 2010, S. 49). Immer erforderlich ist ein berechtigtes und job-bezogenes Interesse des Arbeitgebers, um sich ein verlässliches Bild über die fachliche und persönliche Eignung des Bewerbers für den ausgeschriebenen Arbeitsplatz zu machen.

„Grundsätzlich verboten sind Fragen zum Privatleben, wenn es keine berechtigten Interessen des Arbeitgebers und einen entsprechenden Bezug zum Job gibt. Fragen zu Gesichtspunkten, die zu den durch das Allgemeine Gleichbehandlungsgesetz (AGG) oder andere Gesetze geschützten Diskriminierungsmerkmalen gehören, sind unzulässig." (Felser 2012) Das AGG verbietet in § 1 Benachteiligungen wegen der Rasse oder wegen der ethnischen Herkunft, des Geschlechts, der Religion oder Weltanschauung, einer Behinderung, des Alters oder der sexuellen Identität.

Nicht erlaubt	Erlaubt
Heiratsabsichten, intime Beziehungen, Freundschaften	Familienstand
Vorstrafen	Bei Vertrauensstellung (Kassierer, Wachdienst)
Gewerkschaftszugehörigkeit (AGG)	Nur bei Tendenzbetrieben
Schwangerschaft	
Gesundheit	Nur bei Bedeutung für die Arbeitstätigkeit
Politische Ansichten und Aktivitäten	Nur bei politisch sensiblen Tätigkeiten
Sexuelle Orientierung (AGG)	
Persönliche Lebenswerte (Privatsphäre)	Außer Arbeitsmoral oder Tätigkeiten mit konkretem Arbeitsbezug
Raucher/Nichtraucher (Privatsphäre)	
Religion/Glaube (AGG)	Bei kirchlichen Einrichtungen und Tendenzbetrieben
Familienplanung (Privatsphäre)	
Finanzielle Situation (Privatsphäre)	
Behinderung (AGG)	
Rasse, ethnische Herkunft (AGG)	

Bei unzulässigen Fragen darf nach der Rechtsprechung uneingeschränkt gelogen werden („Recht zur Lüge"). Die Rechtsprechung beruht auf der Erkenntnis, dass hier gradlinige Aufrichtigkeit nicht zweckmäßig ist, sondern ausnahmslos dazu führt, dass man den Job nicht bekommt. (Felser 2012)

Texte markieren

Wichtige Textstellen sollten hervorgehoben werden, damit sie leicht wiederzufinden sind. Es können Texte durch Codes oder Stichworte ergänzt oder Wichtiges durch Farbe und Symbole markiert werden. Pfeile zeigen Zusammenhänge. Auch eigene Fragen, Widersprüche und Zustimmungen können durch Bildzeichen verdeutlicht werden. Es kommt auf das Thema der Arbeit, die Fragestellung bzw. das Erkenntnisinteresse an, was hervorzuheben ist. Häufig sind es:

- Fachbegriffe
- Thematisch relevante Schlüsselwörter
- Definitionen
- Regeln
- Jahresangaben
- Literaturhinweise
- Zentrale Thesen
- Textstellen, die Widerspruch erregen

Techniken. Mit Unterstreichungen (am besten eignet sich dazu ein Bleistift) können schon bei der ersten Lektüre eines Textes wichtige Gesichtspunkte hervorgehoben werden. Allerdings sollten Sie sich vor zeilenweisem Unterstreichen hüten. Stattdessen ist ein Längsstrich am Rand des Textes angebracht, wenn längere Passagen als zwei Zeilen gekennzeichnet werden. Im zweiten Lektüredurchgang können dann bei genauerer Textkenntnis einzelne Begriffe und Wendungen in dem so markierten Abschnitt hervorgehoben werden. (Nun kann ein Textmarker eingesetzt werden.)

Randbemerkungen oder Markierungen am Rand oder innerhalb eines Textes bewirken einen nötigen Überblick. Ziel ist es, die Schlüsselbegriffe zu erfassen, die Hauptthesen zu erkennen und den gedanklichen Aufbau des Textes herauszuarbeiten. Im Prinzip sollte es möglich sein, mit den markierten Stellen den Text kurz zusammenzufassen. Fehlen zur Logik Punkte, wurde unvollständig markiert!

Um das Markieren und Hervorheben übersichtlich zu gestalten und die Markierungen auch nach längerer Zeit noch verständlich zu machen, können bestimmte Arten von Randmarkierungen oder -kommentaren verwendet werden. Hierzu ein paar Vorschläge:

Randmarkierungen	Markierungen innerhalb des Textes	Randkommentare
• / wichtig • // sehr wichtig • ! erstaunlich • ? fragwürdig • + gut • – schlecht	• einkreisen • einrahmen • unterstreichen • Wellenlinien • mehrfarbig markieren	• Th (These) • Arg (Argument) • Def (Definition) • Log (Logik) • Bsp (Beispiel)

Strukturieren und Visualisieren

Um sich das Strukturieren der Texte, einzelner Textpassagen oder Sinnabschnitte zu erleichtern, können Sie z. B. grafische Strukturierungshilfen nutzen. Listen Sie dazu zunächst alle Textelemente, die Sie in eine Struktur bringen möchten auf, und bringen Sie sie in einem nächsten Schritt in eine räumliche Ordnung zueinander. Das kann durch typografische bzw. durch grafische Mittel geschehen.

Zu den **typografischen** Mitteln zählen Absätze, mehrspaltiger Text, Nummerierung und Aufzählung. **Grafische** Mittel (Visualisierungen) bieten sich an, um Texte und Textinhalte zu ordnen, Verbindungen zu erkennen und Zusammenhänge herzustellen. Visualisierungen können Symbole, Bilder, Piktogramme, Zeichnungen, Organigramme, Diagramme, Tabellen oder Skizzen sein. Eine besondere Form ist die MindMap.

Wählen Sie die für Sie passende Methode aus; Ihrer Kreativität sind dabei keine Grenzen gesetzt – und es darf Spaß machen!

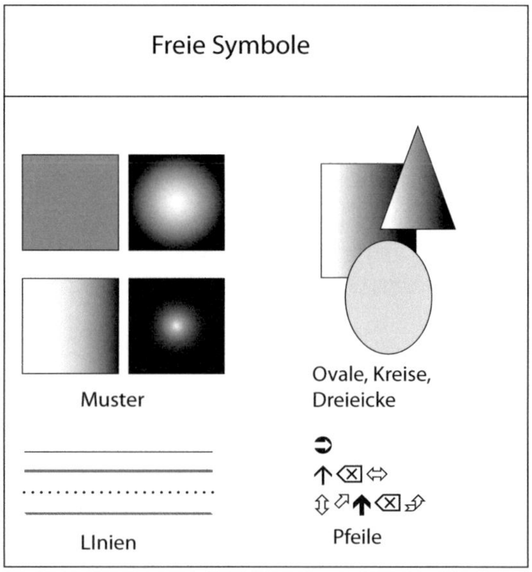

Organigramm
Darstellung von Strukturen

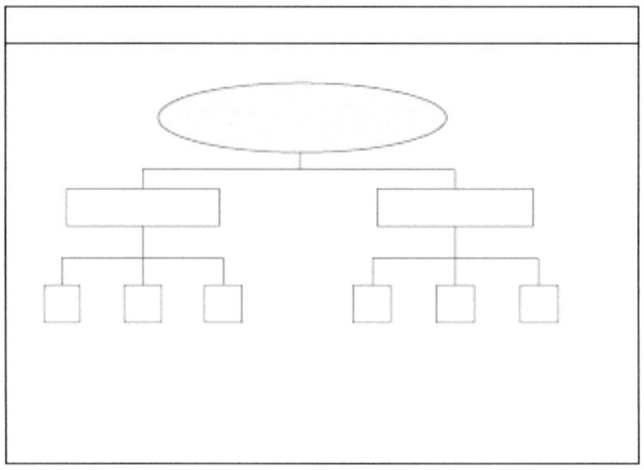

Checklistentechnik

Die Checkliste ist eine Zusammenstellung von Fragen, mit denen versucht wird, alle Problemfelder des Istzustandes zu behandeln und systematisch Schwachstellen zu finden. Entscheidungsrelevante Merkmale werden als Frage formuliert und zu einem Katalog zusammengefasst. Bei der Zusammensetzung spielen sowohl die logische Betrachtung des Untersuchungsbereiches als auch die Erfahrungen aus der Praxis eine relevante Rolle.

Zwei Zielvorstellungen müssen bei der Erstellung beachtet werden. Zum einen sollen Schwachstellen und Mängel erkannt werden, zum anderen geläufige Lösungsmöglichkeiten des Untersuchungsbereichs geprüft werden. Für viele Aufgaben gibt es bereits Checklisten, die von Experten erstellt wurden und die dem Nutzer aufzeigen wollen, wie er eine Lösung für seine Aufgabe findet. Man findet sie im Internet, in Büchern oder Fachzeitschriften. Problem dabei ist, die richtige und passende Checkliste für die je eigene Aufgabe zu finden.

Checklisten dienen der Übersicht, dem Einstieg in eine neue Arbeitsaufgabe sowie einer strukturierten Vorgehensweise. Selten machen sie das Nachdenken überflüssig. Erst in Kombination mit den eigenen Erfahrungen werden sie zu einem nützlichen Arbeitsinstrument.

Folgende Aspekte sind zu beachten:

1. Erstellen Sie eine Arbeits- bzw. Formatvorlage für Ihre Checklisten, die wichtige Informationen enthält wie: Name des Erstellers, Themenbereich, Thema, Datum der Erstellung oder Versionsnummer. Das Layout sollte ansprechend und übersichtlich sein.
2. Sammeln Sie so viele Aspekte wie möglich, die in der Checkliste für das jeweilige Thema aufgenommen werden können.
3. Sprechen Sie mit Experten zum Thema, sammeln Sie Informationen aus dem Internet, aus Fachbüchern oder aus bestehenden Checklisten.
4. Erstellen Sie Ihre eigene Checkliste. Achten Sie darauf, dass diese Nutzern genug Freiraum bieten, damit zu arbeiten.
5. Hilfreich sind Tabellen mit leeren Spalten, in die Nutzer eigene Ideen oder spezifischen Aspekte eintragen können.
6. Eine besondere Form sind „Erinnerungs-Checklisten" oder „Analyse-Checklisten": Hier werden viele Fragen gestellt, die Nutzer mit Ja/Nein oder ähnlichen Kategorien beantworten. Sie dienen dazu, dass alle wichtigen Aspekte berücksichtigt werden.

7

Leittextmethode

Die Leittextmethode bietet vielfältige Möglichkeiten, Sie zu selbstorganisiertem Lernen anzuregen. Leittexte sind meist schriftliche, arbeitsbegleitende Materialsammlungen, die zu Beginn einer Unterrichtsstunde von der Lehrkraft ausgeteilt werden. Sie strukturieren den Lernprozess vor, geben jedoch nicht alle Informationen, die zur Bewältigung der Aufgabe nötig sind. Vorgegeben werden nur solche, die für Sie nicht direkt zugänglich sind oder in den Begleitmaterialien als zu umständlich empfunden wurden. Leittexte sollen Sie zum eigenen Lernen anregen.

Die Leittextmethode basiert auf dem **Modell der vollständigen Handlung**, das die folgenden Schritte umfasst:

- Informieren
- Planen
- Entscheiden
- Ausführen
- Kontrollieren
- Bewerten

Bei der Leittextmethode führen Sie selbstständig die genannten Schritte aus. Sie erhalten dadurch eine möglichst genaue Vorstellung des Ziels Ihrer Tätigkeit und der möglichen Wege zur Erreichung dieses Ziels. Sie kontrollieren Ihre Vorstellungen und Wege selbst, sollten aber auch der Lehrkraft eine konkrete Rückmeldung zu Ihrer Arbeit geben.

Zielsetzung der Methode

Mit dem Einsatz der Leittextmethode sollen folgende Kompetenzen vermittelt und geübt werden:

- **Methodenkompetenz**. Sie werden durch die Leittexte zum selbstorganisierten Lernen geführt. Sie lernen unterschiedliche Wege des Wissenserwerbs kennen und Sie lernen kreativ und problemlösend zu denken.
- **Fachliche Kompetenz**. Durch die höhere Methodenkompetenz und die damit verbundene höhere Selbstständigkeit und Selbstsicherheit steigt auch Ihre fachliche Kompetenz. Sie lernen, Probleme eigenständig zu lösen und können dadurch Ihr Wissen auch in neuen Situationen anwenden und in unvorhersehbaren Situationen angemessen reagieren.
- **Sozialkompetenz**. Beim Erarbeiten der Leittexte in Gruppen wird die Teamfähigkeit der Lernenden gefördert. Sie tragen die Verantwortung für Ihr Lernen und erleben Fortschritte, aber auch Rückschläge und Probleme unmittelbar.

Gruppenpuzzle

Das Gruppenpuzzle ist eine Form von Gruppenunterricht. Sie erarbeiten einen Teil des Themas mit Selbststudienmaterial.

1. Stammgruppe – Informationsmaterial

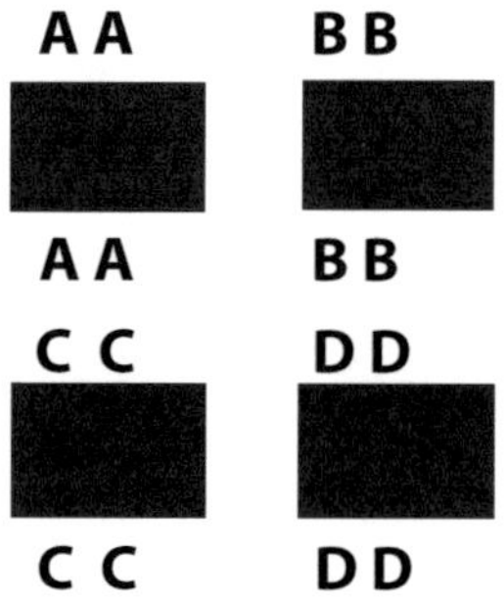

Die Lerninhalte werden in mehrere Gebiete aufgeteilt. Jedes Gruppenmitglied bekommt ein Gebiet. Nach einiger Erfahrung können Sie die Themen auch wählen lassen. Danach gehen Sie in Ihre Expertengruppe.

2. Expertengruppe

Selbststudium

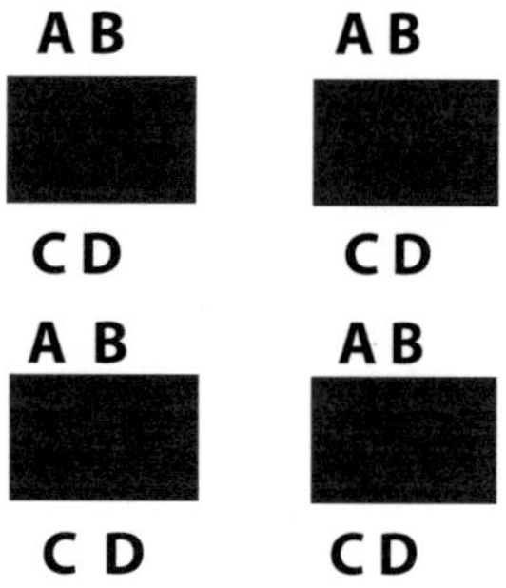

Sie bearbeiten nun in Einzelarbeit Ihren Teil des Themas. Sie strukturieren Ihre Informationen auf einem Spickzettel oder mit einer MindMap. Es ist wichtig, dass Sie Ihr Thema verstanden haben, um Ihre Informationen korrekt und vollständig an Ihre Mitschüler(innen) weitergeben zu können. Deshalb folgt nach dem Selbststudium die Expertenrunde.

Kontrolle

Nun tauschen Sie sich mit Ihrer Expertengruppe – Mitschüler(innen) mit demselben Thema – aus. Hier besprechen Sie das zuvor Gelernte. Sie beantworten sich gegenseitig offene Fragen. Sie helfen einander, sich zu Experten zu machen.

Vorbereitung

Danach besprechen Sie, wie Sie Ihr Wissen am wirkungsvollsten vermitteln, welche Hilfsmittel Sie einsetzen und wie Sie die Zeit einteilen. Die Lerninhalte sind bekannt. Schließlich überlegen Sie gemeinsam einige Aufgaben, mit denen Sie Ihre Mitschüler(innen) überprüfen wollen.

3. Stammgruppe

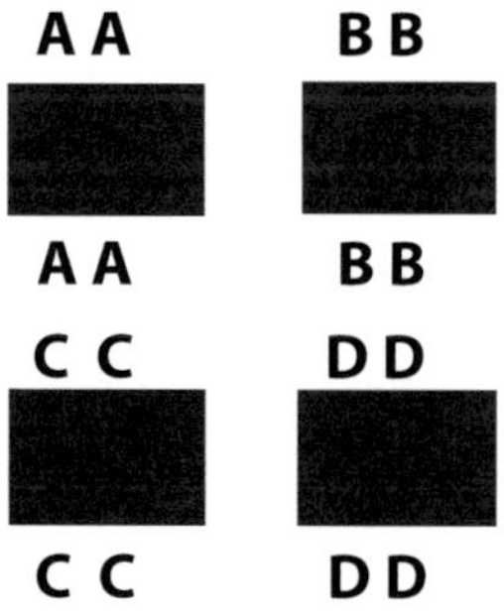

Sie gehen in Ihre Stammgruppe zurück. Reihum erläutern Sie Ihren Mitschüler(innen) Ihr vorbereitetes Thema und kontrollieren den Wissensstand. Nun sollten Sie optimal vorbereitet sein, um das in der Lernaufgabe gestellte Problem zu lösen.

7

Kugellager

Die Intention des Kugellagers ist, dass Sie Ihren Zufallspartnern gegenüber in freier Rede über ein eng abgestecktes Thema berichten, und zwar so, dass jeweils die Hälfte der Klasse für kurze Zeit spricht. Sie sollen durch mehrfachen Partnerwechsel Gelegenheit erhalten, sich zum anstehenden Thema richtiggehend „warmzureden", sprachliche Sicherheit zu gewinnen und Selbstvertrauen zu tanken.

Zuvor bereiten Sie sich in einer kurzen Besinnungsphase auf Ihre themenzentrierten Ausführungen vor. Dann setzen oder stellen Sie sich in Kreisform paarweise gegenüber, so dass ein Innenkreis und ein Außenkreis entsteht (evtl. stehen dazwischen Tische).

Nun erläutern zunächst alle im Außenkreis sitzenden Schüler(innen) ihr Thema. Ihre jeweiligen Gesprächspartner hören zu, machen sich Notizen und fragen eventuell nach. Anschließend rücken die im Innenkreis sitzenden Schülerinnen bzw. Schüler z. B. zwei Stühle nach rechts weiter, so dass neue Gesprächspaare entstehen. Nun werden die Schüler(innen) im Innenkreis aktiv und berichten ihrerseits über das gleiche Thema.

Alsdann rücken die Innenkreis-Vertreter erneut zwei Stühle weiter etc. Diese gegenläufige Bewegung von Innen- und Außenkreis gleicht einer Kugellager-Bewegung, deshalb Kugellager-Methode.

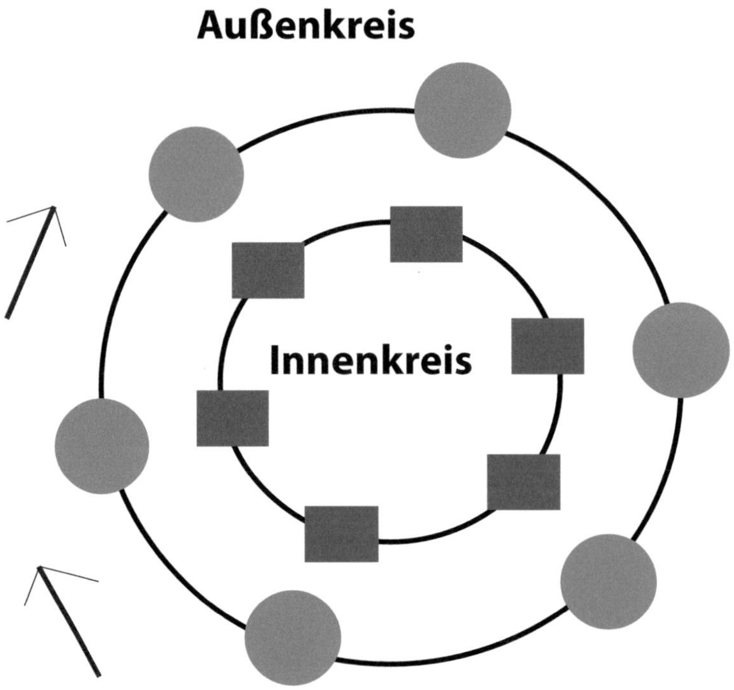

Brainstorming

Das Brainstorming ist der Klassiker unter den Kreativitätsmethoden. Es eignet sich zum Finden möglichst vieler Ideen – zu einem vorgegebenen Thema oder zur Lösung eines vorgegebenen Problems. Moderatoren überwachen die Einhaltung der Regeln und dokumentieren die Ideen. Sie geben Impulse bzw. stellen Fragen. Eine kreisförmige oder quadratische Sitzordnung wird als sinnvoll angesehen.

Vor dem Brainstorming

Der Brainstorming-Sitzung sollte eine Problemanalyse durch den Moderator (evtl. unter Hinzuziehung von Experten) vorausgehen. Wird dabei erkannt, dass es sich um ein sehr komplexes Problem handelt, so sollte dieses in übersichtlichere Teilprobleme untergliedert werden. Zum Beginn der Brainstorming-Sitzung wird dann die zu behandelnde Fragestellung allen Teilnehmern dargestellt, damit alle wissen, um was es geht. Gleichzeitig werden die Spielregeln des Brainstormings bekannt gegeben. Auf deren Einhaltung muss der Leiter achten. Erläuterung der Grundregeln:

- Jede auch noch so ausgefallene Idee ist willkommen. „Je ausgefallener, desto besser."
- Ideen werden knapp und kurz formuliert.
- Ideen anderer können/sollten aufgegriffen und ausgebaut werden.
- Keine Bewertung der Beiträge der anderen.

Durchführung des Brainstormings

Während der Brainstorming-Sitzung hat der Moderator die Aufgabe, die Gruppe zur Erarbeitung und Darstellung ihrer Vorschläge zu motivieren, zu stimulieren und zu ermutigen. Er sollte unsichere oder zögernde Teilnehmer unterstützen und darauf achten, dass jeder in der Gruppe zu Wort kommt.

- Äußerungen in beliebiger Reihenfolge.
- Alle Ideen werden für alle sichtbar stichwortartig festgehalten (z. B. auf Karten an der Pinnwand oder auf dem Fußboden = Brainpool).
- Aufschreiben der Ideen darf Ideenfluss nicht hemmen.
- Denkpausen sind notwendig und zulässig.

Befindet sich die Gruppe in einer festgefahrenen Situation, so ist es Aufgabe des Moderators, diese wieder aufzubrechen. Dies kann zum Beispiel durch einen Wechsel der Perspektive geschehen: Das Problem wird umformuliert, vergrößert, verkleinert oder mit anderen Fragestellungen in Verbindung gebracht. Der Moderator sollte auch dafür sorgen, dass man sich nicht schon zu Anfang in Detailfragen verliert, sondern zunächst aus einer breitangelegten Sichtweise heraus auf das Problem eingeht. Und schließlich sollte der Moderator auch die Ideen ordnen, auswerten und mit eigenen Worten zusammenfassen.

Kartenabfrage

Bei der Kartenabfrage schreiben die Teilnehmer(innen) ihre Äußerungen auf Karten, die anschließend an der Pinnwand nach Ähnlichkeit sortiert werden. Hierdurch entsteht eine Sammlung verschiedenster Informationen zu einem Thema. Gleichzeitig sind alle Teilnehmer(innen) an dem Prozess beteiligt. Für diese Methode inkl. Auswertung sollten ca. dreißig Minuten eingeplant werden.

- Visualisierung der Frage-/Problemstellung
- Problemstellung nicht zu komplex anlegen

Das Moderatorenteam gibt ein Problem vor und schreibt dieses als Überschrift auf ein großes Blatt Papier. An die Teilnehmer(innen) werden Karten und Stifte verteilt, worauf sie spontan ihre Gedanken zur Ausgangsfrage notieren sollen. Jede Karte sollte nur mit einem Gedanken stichwortartig beschrieben werden. Am besten eignet sich die Druckschrift in ca. fünf Zentimeter Höhe!

Das Moderatorenteam sammelt die Karten ein und sortiert sie gemeinsam mit der Gruppe auf dem vorbereiteten Plakat. Das kann auf dem Boden (im Sitzkreis) oder mit Klebestreifen an einer Stellwand geschehen. Kommentare sind nur den Kartenverfassern gestattet. Alternativ können die Lernenden die Karten einzeln an die Pinnwand heften und den Gedanken entsprechend kommentieren. Mehrfach genannte Begriffe werden übereinandergepinnt, um alle Beiträge zu honorieren und die Wichtigkeit eines Themas/Problems darzustellen.

Zwangsläufig entstehen Sortierkriterien, welche sich deutlich abzeichnen. Diese eigenen Problembereiche werden mit Überschriften versehen, durchnummeriert, mit einem dicken Filzstift umrandet und dadurch abgeschlossen.

Diese Sinneinheiten können für eine Gruppeneinteilung oder generell für die weitere Arbeit genutzt werden. Kriterien für die Zuordnung:

- Was lässt sich gemeinsam bearbeiten?
- Wofür sind ähnliche Lösungen denkbar?

MindMaps

MindMapping ist eine gehirngerechte Kreativitätstechnik, die in den siebziger Jahren von Tony Buzan erfunden worden ist. In MindMaps notieren Sie Ihre Gedanken nicht wie üblich hinter- oder untereinander. Anstelle dessen schreiben Sie das Hauptthema Ihrer Notizen auf die Mitte des Blattes und notieren Ihre Gedanken als Schlüsselwörter auf Linien, die von der Mitte der MindMap ausgehen. Dadurch entsteht eine bildhafte Darstellung Ihrer Gedanken, also so etwas wie eine Gedankenkarte.

Mindmaps unterstützen das radiale Denken, sprich die unterschiedlichen Funktionen der Gehirnhälften. Die rechte Hälfte ist bestimmend für Räumlichkeit, Gestalt, Vorstellungsvermögen, Rhythmus und emotionale Verarbeitung. Die linke Seite hingegen steht für Symbole, Wörter, Zahlen sowie Logik. Somit haben Mindmaps gegenüber linearen Notizen und Aufzeichnungen viele Vorteile: Man spart beim Anfertigen, Lesen oder Wiederholen viel Zeit, da man sich auf wichtige Schlüsselwörter und Themen konzentriert. Kreativität und Erinnerung werden aktiviert, und damit wächst auch der Gedankenstrom.

MindMaps von Hand erstellt

- Das Papier wird im Querformat genutzt. In die Mitte der Seite wird ein einprägsames Bild gezeichnet oder das Hauptthema geschrieben.
- Von dem zentralen Bild/Hauptthema ausgehend wird für jeden tiefergehenden Gedanken bzw. Unterpunkt eine Linie gezeichnet.
- Auf diese Linien werden die einzelnen Schlüsselworte zu den Unterpunkten geschrieben. Diese Worte sollten in Druckbuchstaben eingetragen werden, um die Lesbarkeit und Einprägsamkeit der MindMap zu erhöhen (nur Wörter – keine ganzen Sätze).
- Von den eingezeichneten Linien können wiederum Linien ausgehen, auf denen die einzelnen Hauptgedanken weiter untergliedert werden. Von diesen weiterführenden Linien können wieder andere ausgehen etc.
- Benutzen Sie unterschiedliche Farben, um die Übersichtlichkeit zu erhöhen. Gleichzeitig können beispielsweise auch zusammengehörende Gedanken und Ideen leicht durch Verwendung der gleichen Farbe verdeutlicht werden.
- Symbole, wie z. B. Pfeile, geometrische Figuren, kleine Bilder, gemalte Ausrufe- oder Fragezeichen und selbst definierte Sinnbilder, sind so oft wie möglich zu nutzen; sie erleichtern die Erfassung des Inhalts und können helfen, einzelne Bereiche abzugrenzen oder hervorzuheben.

Bei kreativen Überlegungen sollten Sie sich nicht allzu lange damit beschäftigen, an welcher Stelle die MindMap ergänzt wird. Das stört nur den freien Gedankenfluss; schließlich kann schneller gedacht als geschrieben werden. Umstellungen können später immer noch in einer Neuzeichnung vorgenommen werden. Dieses Vorgehen hat außerdem den Vorteil, sich ein weiteres Mal mit der gemappten Thematik zu befassen. So kann der Inhalt besser erinnert und verstanden werden, und es besteht die Chance, den entscheidenden Gedanken gerade bei dieser Neugestaltung zu bekommen. MindMapping kommt überall dort zum Einsatz, wo kreatives Denken, Entscheidungsfindung, Brainstorming, Teamarbeit oder Projektmanagement gefragt sind.

7

MindMaps am PC erstellt

MindMapping am Computer ist einfach praktisch. Man kann den kreativen Teil des Prozesses strikt vom seinem auszuführenden Teil trennen. Mit der Zoom-Technik des Programms ist es möglich, sehr große Mappen zu erstellen. Befinden sich mehrere MindMaps auf verschiedenen Ebenen, kann man sie durch Links miteinander verbinden.

Es gibt eine MindManager-Software für den Schulgebrauch, den sogenannten MindManager Smart. Diese Version wird von der Firma Mindjet für Schulen kostenlos zur Verfügung gestellt. Schulen aus Deutschland können die Version von den Bildungsservern ihrer Länder downloaden. Geeignet ist der MindManager Smart für die Unterrichtsvorbereitung, Erarbeitung von Inhalten, Vorbereitung von Referaten und Projektarbeit.

Der Aufbau einer MindMap gliedert sich typischerweise in folgende Schritte:

1. Start mit dem zentralen Thema/Konzept
2. Erzeugen von Zweigen und Unterzweigen, die alle damit verbundenen Ideen und Themen aufnehmen
3. Hinzufügen von Bildern, Dokumenten und Hyperlinks zu jedem Zweig nach Bedarf
4. Logische Anordnung der Zweige
5. Erzeugen von sichtbaren Links zwischen miteinander in Beziehung stehenden Zweigen
6. Präsentieren oder Veröffentlichen der MindMap

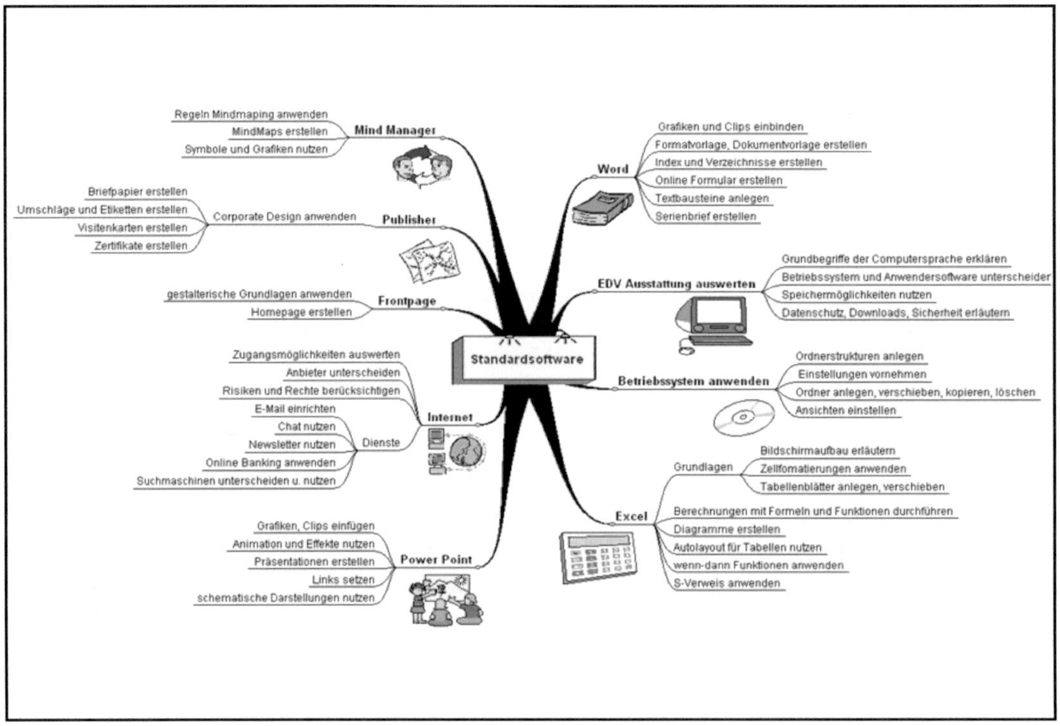

Plakate und Flipcharts

Flipcharts und Plakate stehen während der gesamten Stunde bzw. Unterrichtseinheit zur Verfügung. Sie sind ein Dauermedium – also als Ankerpunkt für das Auge anzusehen. Sie eignen sich für Regeln, Übersichten oder als Leitfaden. Sie können vorbereitet oder während des Vortrages entwickelt werden.

Regeln für die Flipchart- und Plakatgestaltung

- Flipcharts sind nur bis zu einem Abstand von sechs Metern lesbar.
- Die Schriftgröße muss mindestens fünf Zentimeter betragen.
- Verschiedene Farben (max. vier) verwenden. Eine Grundfarbe und die restlichen Farben für Betonungen.
- Spezielle Flipchart-Stifte verwenden.
- Auf dem Flipchart wird immer mit dicken Stiften geschrieben.
- Druckschrift verwenden, da sie am besten lesbar ist.
- Das Flipchart darf nicht voll beschrieben sein. Es sollen unbeschriebene Flächen auf dem Plakat erhalten bleiben.
- Flipcharts sollen so knapp wie möglich gehalten werden. Sie sollen eine klare, erkennbare Struktur aufweisen. Die Zusammenhänge sind durch Über- und Unterordnungen klar erkennbar zu machen.
- Besonders gut bleiben Flipcharts im Gedächtnis, wenn sie Merkanker und optische Auflockerungen enthalten:
  - Skalen (um die Einschätzungen sichtbar zu machen)
  - Koordinaten-Einschätzungen durch einen Punkt
  - Listen (Ideen- und Problemsammlung gewichten)
  - Tabellen (Beziehungen und Verknüpfungen herstellen)
  - Bäume (Über- und Unterordnung)
  - Netze (komplexe Zusammenhänge überschaubar machen)

Einsatzmöglichkeiten

- Unterstützung eines Vortrags durch Notizen
- Präsentation von vorbereiteten Texten
- Dokumentation von Beiträgen und Fragen von Teilnehmenden
- Dokumentation der Arbeitsergebnisse von Kleingruppen
- Aufreihung der Flipcharts an der Wand, um den Seminarablauf zu dokumentieren

Overheadfolien

Vor der Präsentation sollten Sie die Funktionstüchtigkeit des Overheadprojektors ausprobieren. Standort: Das Gerät nicht in der Mitte des Raumes platzieren, sondern in der fensterfernen Ecke des Raumes. Neben dem Projektor sollen Ablageflächen für die Unterlagen des Referenten vorgesehen sein. Eine Verdunkelung des Raumes ist nicht erforderlich. Die Overheadfolien können ebenso vorbereitet oder während des Vortrages entwickelt werden. Dazu eignen sich zwei Techniken:

1. Erstellen Sie eine Folie mit den Grundelementen und dann weitere Folien, auf denen nur die hinzukommenden Elemente zu sehen sind. Diese werden während des Vortrages übereinandergelegt.
2. Decken Sie zunächst die Dinge zu, die Sie noch nicht zeigen möchten. Im Laufe des Vortrages schieben Sie das Abdeckblatt nach unten und zeigen die gewünschten Informationen.

Regeln für die Foliengestaltung

- **Folieninhalte wirken lassen.** Die Zuhörer benötigen einige Zeit (ca. zehn Sekunden), um die Folie zu betrachten. Während dieser Zeit hören sie nicht zu. Für die Erklärung benötigen Sie aber die Aufmerksamkeit der Zuhörer. Aus diesem Grund wird erst dann weitergesprochen, wenn sie den Inhalt erfasst haben.
- **Lebendiger Vortrag.** Der Text der Folie soll nicht wortwörtlich vorgelesen werden, da jeder Zuhörer selbst lesen kann. Inhalte der Folie mit praktischen Beispielen lebendig vortragen.
- **Handouts verteilen.** Die Zuhörer sollen die Folien nicht abschreiben. Nach dem Vortrag bekommen sie die zusammengefasste Präsentation als Unterlage, evtl. auch zu Beginn des Vortrages, damit sie sich Notizen machen können.
- **Keine Fehler.** Ihre Zuhörer betrachten die Folie wesentlich länger, als sie über die gesprochenen Sätze nachdenken. Daher wiegen Fehler bei der Foliengestaltung wesentlich schwerer.
- **Weniger ist mehr.** Es sollen nur wenige Folien verwendet werden. Nur die wichtigsten Aussagen werden visualisiert. Auch für die Folie selbst gilt „weniger ist mehr". Die Folie enthält nur wenige Aussagen, sie müssen aber übersichtlich gestaltet und gut lesbar sein. Die Folie soll das Verstehen der Inhalte erleichtern und nicht selbst Erklärungsbedarf benötigen.
- **Bild schlägt Text.** Ein Bild sagt mehr als tausend Worte. Die verwendeten Bilder müssen aber mit den Aussagen der Folie in Zusammenhang stehen.
- **Farben beleben.** Die Verwendung von Folien, die nur mit einer Farbe beschrieben sind, ist zu vermeiden. Für identische Aussagen sollen immer die gleichen Farben verwendet werden. Mehr als fünf Farben sollten aber nicht benutzt werden (schwarz und weiß zählen als Farben mit).
- **Schriftgröße.** Für gleiche Textarten immer die gleiche Schriftgröße verwenden (Überschrift, Zwischenüberschrift, Unterpunkte, Text …). Als Faustregel gilt, dass die Folie ohne Projektor aus zwei Meter Entfernung noch lesbar sein muss. Bei handschriftlichen Folien soll die Schrift mindestens einen Zentimeter groß geschrieben werden. Bei computererstellten Folien mindestens Schriftgröße sechzehn Punkte, Fettdruck und eine serifenlose Schrift (z. B. Arial, Helvetica) verwenden (Überschriften = vierundzwanzig Punkte, Zwischenüberschriften = zwanzig Punkte).

Sprache

Bei Ihren Präsentationen gehört die Sprache zu Ihrem Hauptmedium. Die Sprache besitzt einen wunderbaren Fundus an Wendungen und bildlicher Sprache (Metaphern). Bauen Sie Spannung mit einer Metapher auf, um Ihre Besonderheiten hervorheben. Belegen Sie, was Sie zu sagen haben, mit Beispielen, damit eine lebendige Präsentation gelingt.

Körpersprache

Setzen Sie Ihre Mimik, Gestik und Körperhaltung bewusst ein. Ein freundlicher, offener Blick stimmt den Zuschauer positiv. Auch Gesten, die in Höhe der Taille ablaufen, werden positiver gewertet als jene, die sich unterhalb der Taille abspielen.

Hände sollten sichtbar bleiben. Sie sollten freundliche und öffnende Gesten zeigen, aber nicht übertreiben. Eine aufrechte Körperhaltung signalisiert, dass Sie hinter dem Gesagten stehen und sich Ihrer Argumente sicher sind.

Anschauungsmaterial

Neben der Sprache bringen Sie durch alltägliche Gegenstände, wie zum Beispiel Hüte, Sportgeräte, Pflanzen, Musikinstrumente, in Ihre Präsentation die nötige Würze. Wenn Sie reale Gegenstände verwenden, um abstrakte Sachverhalte zu verdeutlichen, dann fällt Ihren Teilnehmern das Zuhören leichter. Die Präsentation wird anschaulich und lebendig.

Durch den Einsatz von derartigem Anschauungsmaterial wird nicht nur das Interesse der Zuschauer geweckt, es wird auch ein unmittelbarer Bezug zur Realität hergestellt, und dadurch bleibt das Gesagte in Erinnerung. Sie sollten allerdings darauf achten, dass der Gegenstand groß genug und so für alle Anwesenden im Raum gut erkennbar ist.

Auf gar keinen Fall sollten Sie aber bestimmte Gegenstände nach Ihrem Einsatz im Publikum herumreichen. Das schafft nur Unruhe und lenkt von Ihrer weiteren Präsentation ab. Sie können aber einen Gegenstand, insbesondere wenn er außergewöhnlich und spektakulär ist, wirkungsvoll platzieren.

Bühnenbild

In einem weiteren Punkt unterscheidet sich die Präsentation besonders klar vom Vortrag: Sie kann auch als ein Schauspiel verstanden werden, als eine Aufführung, die eine Inszenierung durchlaufen hat und auf einer Bühne mit einem wechselnden Bühnenbild – der Projektion – stattfindet (Lobin 2011).

Sie als Präsentator reden auf dieser medialen Bühne frei und können sich mit Gestik oder raumgreifenden Bewegungen in Szene setzen. Bedenken Sie, dass es neben der Vermittlung von Inhalten dabei um Ihre Selbstpräsentation geht.

Seite einrichten

Für Ihre Dokumente der Bewerbung wählen Sie für die Seitenränder folgende Einstellungen:

Oben: 5,08 cm
Unten: 2 cm
Links: 2,5 cm
Rechts: 2,5 cm.

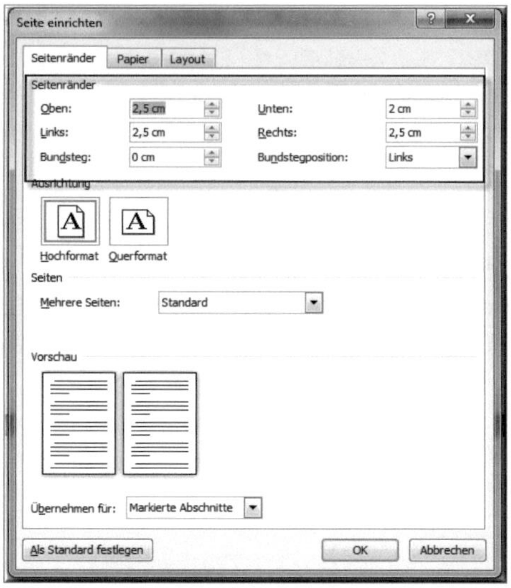

Word 2003

Um die Seitenränder oder das Papierformat zu verändern, gehen Sie auf Menü **Datei** – **Seite einrichten.**

Word 2007/2010

Um die Seitenränder oder das Papierformat zu verändern, gehen Sie auf die Registerkarte **Seitenlayout** – Gruppe **Seite einrichten.**

Klicken Sie auf den Pfeil in der rechten unteren Ecke. Nun öffnet sich das nebenstehende Dialogfeld. Im Register **Seitenränder** geben Sie die neuen Maße ein. Wollen Sie die Maße für alle Dokumente verwenden, klicken Sie Standard an. Die Abfrage beantworten Sie mit ja.

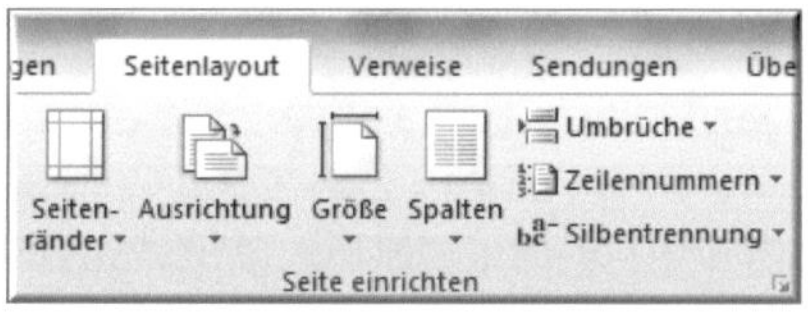

In diesem Register können Sie auch zwischen Hochformat und Querformat wählen.

Rechtschreibprogramm

Aktivieren Sie die automatische Rechtschreibprüfung (F7). Dann können Sie sich während der Eingabe sicherer sein, dass Sie bei der Fertigstellung des Dokuments nicht noch viele Rechtschreibfehler korrigieren müssen. Falsch geschriebene Wörter werden während der Arbeit vom Microsoft Office-Programm gekennzeichnet, sodass Sie sie leicht entdecken können.

Markieren Sie das Wort und mit der rechten Maustaste, dann werden im Kontextfeld Korrekturvorschläge angeboten.

Kopf- und Fußzeilen gestalten

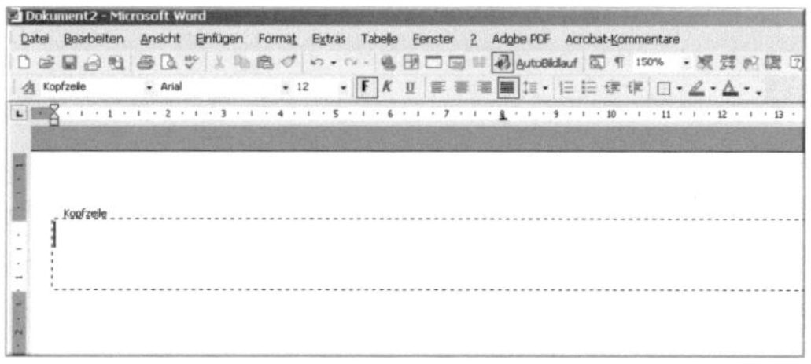

Die Kopf- und Fußzeile werden auf jeder Folgeseite wiederholt, wenn keine weiteren Einstellungen vorgenommen werden. Die Bewerbungsunterlagen werden in einem einheitlichen Design gestaltet. Das Design sollte zu Ihnen passen. In die Kopfzeile kommen die Absenderangaben und Kontaktdaten. Sie können aber auch die Absenderangaben in die Kopfzeile und die Kommunikationsdaten (Telefon, Handynummer bzw. E-Mail) in die Fußzeile setzen. Bei mehreren Seiten fügen Sie in die Fußzeile auch die Seitennummerierung ein.

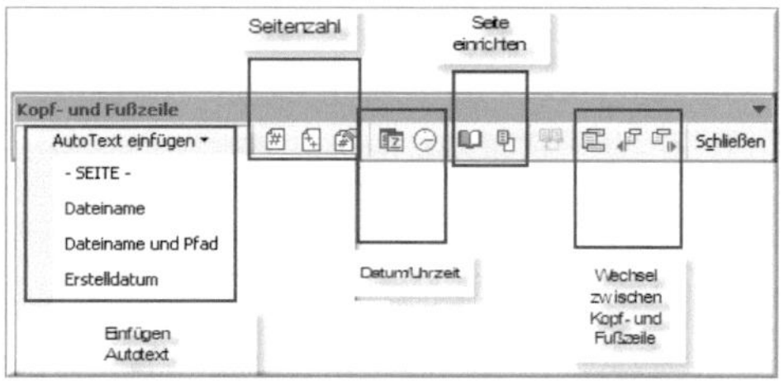

Word 2003

Sie finden den Befehl über das Menü **Ansicht – Kopf- und Fußzeile**. Word wechselt zur Seitenlayout-Ansicht. Die Einfügemarke befindet sich im Kopfzeilenbereich und die Symbolleiste „Kopf- und Fußzeile" wird angezeigt.

Geben Sie Ihren gewünschten Text ein. Zum Einfügen der Seitenzahlen stehen die Schaltflächen der Symbolleiste Kopf- und Fußzeile zur Verfügung.

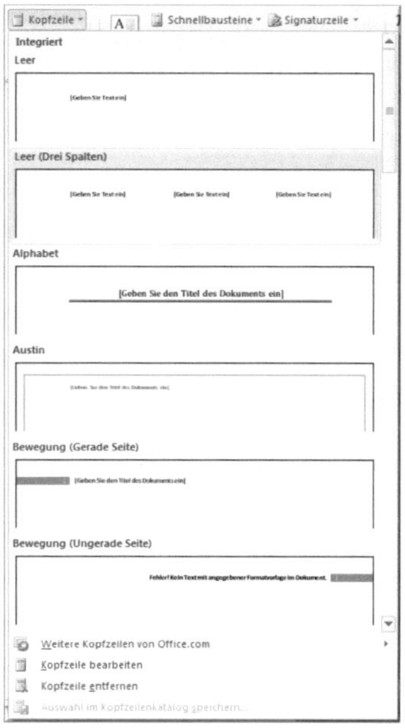

Word 2007/2010

Sie finden die Befehle in der Registerkarte **Einfügen** – Gruppe **Kopf- und Fußzeile.** Klicken Sie auf den gewünschten Befehl. Wählen Sie ein Layout aus. Word wechselt nun zur Seitenlayout-Ansicht. Die Einfügemarke befindet sich im Kopfzeilenbereich und die Kopf- und Fußzeilentools – Entwurf werden angezeigt.

Geben Sie im Kopfzeilenbereich den gewünschten Text ein, den Sie beliebig formatieren können. In der Registerkarte **Entwurf der Kopf- und Fußzeile** stehen Ihnen weitere Befehle (Einfügen von Bildern, Seitenzahlen etc.) zur Verfügung.

Kopf- und Fußzeilen schließen

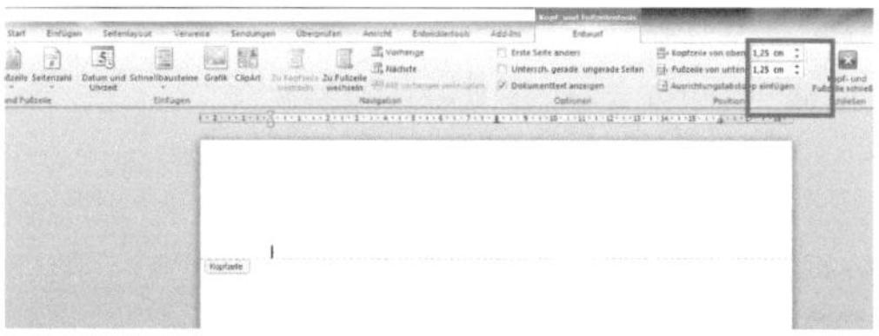

Nachdem Sie Ihre Kopfzeile fertig erstellt haben, schließen Sie sie, indem Sie einen Doppelklick in das Textfeld vornehmen.

Kopf- und Fußzeilen bearbeiten

Wollen Sie bereits bestehende Kopf- und Fußzeilen weiterbearbeiten, müssen Sie diesen Bereich erneut aktivieren. Doppelklicken Sie dazu im Kopf- bzw. Fußzeilenbereich. Die Überarbeitung findet über die Symbolleiste **Kopf- und Fußzeile** (Word 2003) bzw. über die kontextbezogene Registerkarte **Kopf- und Fußzeilentools/Entwurf** statt.

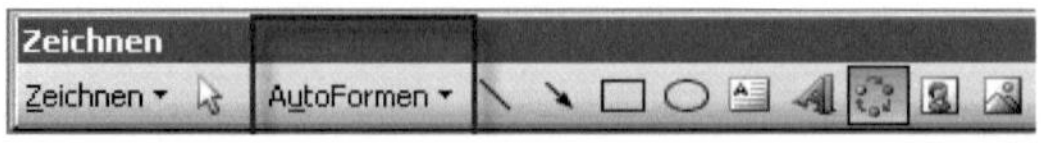

Absender in der Kopfzeile gestalten

Fügen Sie in die Kopfzeile Ihren Absender und formatieren Sie Ihn nach Ihren Vorstellungen. Probieren Sie mehrere Möglichkeiten aus, bis Sie sich endgültig entscheiden.

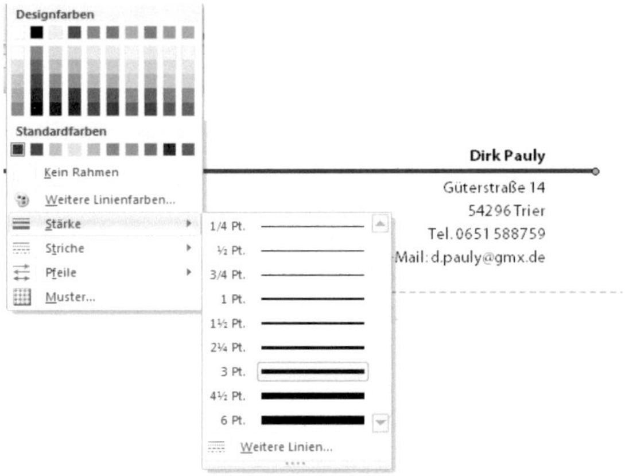

Word 2003

Möchten Sie einen waagerechten Strich hinzufügen, so öffnen Sie die Symbolleiste Zeichenleiste. Wählen Sie die gerade Linie aus und ziehen Sie sie waagerecht zwischen Name und Straße. Formatieren Sie anschließend die Linie in Ihrer gewünschen Farbe und Strichstärke oder -form.

Word 2007/2010

Möchten Sie einen waagerechten Strich hinzufügen, so gehen Sie auf die Registerkarte **Einfügen** – **Formen**. Wählen Sie die gerade Linie aus und ziehen Sie diese waagerecht zwischen Name und Straße. Formatieren Sie anschließend die Linie in Ihrer gewünschen Farbe und Strichstärke oder -form.

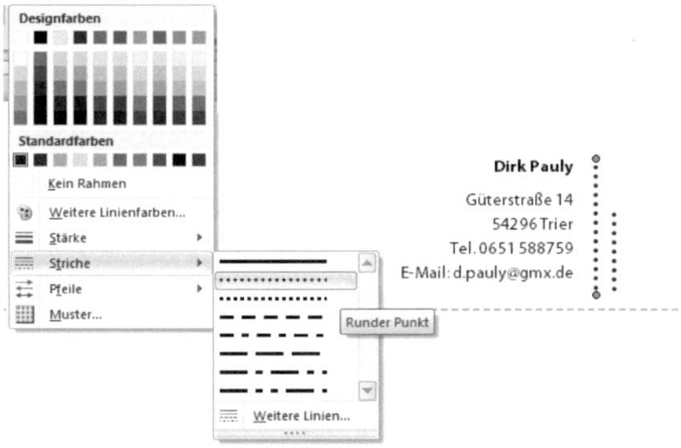

Symbole einfügen

Für die Absenderangaben können Sie auch entsprechende Symbole verwenden.

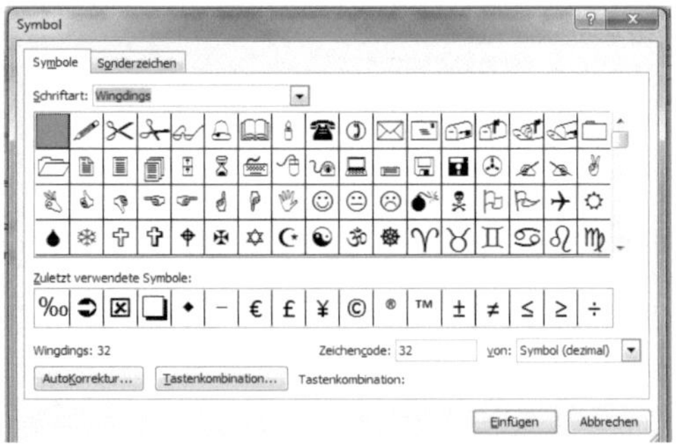

Word 2003/2007/2010

Unter dem Menü **Einfügen** bzw. der Registerkarte Einfügen – **Symbol** – **Symbole** wählen Sie das gewünschte Zeichen. Durch Schriftartwechsel z. B. **Wingdings** werden andere Symbole angezeigt.

Dokumentvorlagen erstellen

Das Layout für Ihre Bewerbungsunterlagen haben Sie erstellt. Speichern Sie sie nun in eine eigene Dokumentvorlage unter dem Dateinamen „Bewerbungsvorlage" ab. Auf diese Dokumentvorlage können Sie dann immer wieder zurückgreifen.

Word 2003

Speichern. Um eine neu erstellte Vorlage zu speichern, muss unter **Datei** – **Speichern unter** wie gewohnt der Dateiname angegeben werden und zusätzlich der Dateityp **Word-Vorlage** ausgewählt werden. Word vergibt die Datei-Endung *.dot.

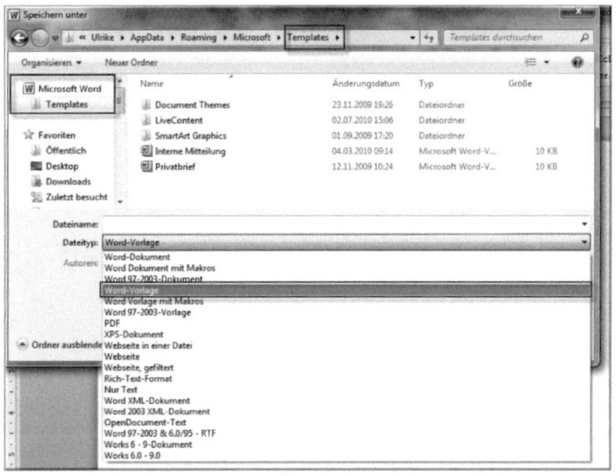

Öffnen. Die so gespeicherte Vorlage finden Sie unter dem Menü **Datei** – **Neu** – **Allgemein** wieder. Sie können Ihre Vorlage nun nicht mehr versehentlich ändern.

Word 2007/2010

Speichern. Um eine neu erstellte Vorlage zu speichern, muss unter der Office-Schaltfläche/Registerkarte **Datei** – **Speichern unter** wie gewohnt der Dateiname angegeben werden und zusätzlich der Dateityp **Word-Vorlage** ausgewählt werden. Achten Sie darauf, dass die Dokumentvorlage im Standardvorlagenordner abgespeichert wird, damit sie im Bereich verfügbare Vorlagen auf **Meine Vorlagen** erscheint. Der Dateibutton erhält einen gelben Balken (normales Dokument = blauer Balken). Word vergibt die Datei-Endung *.dotx.

Öffnen. Die so gespeicherte Vorlage finden Sie unter der Registerkarte **Datei** – **Neu** – **Meine Vorlagen** wieder. Sie können Ihre Vorlage nun nicht mehr versehentlich ändern.

Tabellen gestalten

Für Ihren Lebenslauf verwenden Sie am besten eine Tabelle. Mit dieser Funktion formatieren Sie übersichtlicher und strukturierter. Word bietet eine Vielzahl von Möglichkeiten, Ihre Tabellen zu optischen Anziehungspunkten zu gestalten.

Word 2003

Rufen Sie die Symbolleiste **Tabelle und Rahmen** auf – Mauszeiger in den Bereich der Symbolleisten bringen – rechte Maustaste klicken – **Tabelle und Rahmen** auswählen. Die Symbolleiste enthält hilfreiche Werkzeuge:

Tabelle einfügen. Icon anklicken und die gewünschte Zellenzahl markieren und Maustaste klicken.

Rahmen gestalten. Icon anklicken und die gewünschten Zellen markieren. Die Rahmenlinien bestimmen und Maustaste klicken.

Tabelle schattieren. Icon anklicken und die gewünschten Zellen markieren. Die Schattierung bestimmen und Maustaste klicken.

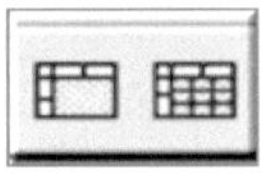

Zellen verbinden oder teilen. Die entsprechenden Zellen markieren und Maustaste klicken.

Zellenausrichtung bestimmen. Icon anklicken und die gewünschten Zellen markieren. Die Ausrichtung aussuchen und Maustaste klicken. Nach der DIN 5008 sollte der Inhalt einer Tabellenzelle immer einen gleichen Zeilenabstand nach oben und unten haben (z. B. Mitte links ausrichten).

Spalten und Zellen gleichmäßig gestalten. Die gewünschten Zellen markieren und das entsprechende Icon anklicken. Eine Tabelle, in der die Zeilen unterschiedlich hoch sind, wirkt sehr unruhig auf den Leser.

Zeilen/Spalten löschen. Markieren Sie die zu löschende Zeile oder Spalte; führen Sie den Mauszeiger in den Bereich der Markierung und öffnen Sie mit der rechten Maustaste das Kontextmenü; hier ist nur noch **Zeilen löschen** oder **Spalten löschen** anzuklicken.

Zeilen einfügen. Über das Menü **Tabelle** – **Einfügen** können Zeilen eingefügt werden.

Word 2007/2010

Auf der Registerkarte **Einfügen** – Gruppe **Tabelle** – Schaltfläche **Tabelle** können mit der Maus die gewünschten Zeilen und Spalten aufgerufen werden. Ist die Tabelle erstellt und mit dem Cursor aktiviert, so öffnet sich die Registerkarte **Tabellentools** für den Entwurf und das Layout. Diese Tools bieten sehr übersichtlich viele Gestaltungsmöglichkeiten.

Mit der Registerkarte **Tabellentool – Entwurf** können Sie viele Tabellen-Formatvorlagen nutzen. Sie müssen einfach nur eine Formatvorlage aussuchen. Die Gruppe **Optionen für Tabellenformat** ermöglicht es Ihnen, in manchen Fällen die Tabellen lesefreundlicher zu gestalten.

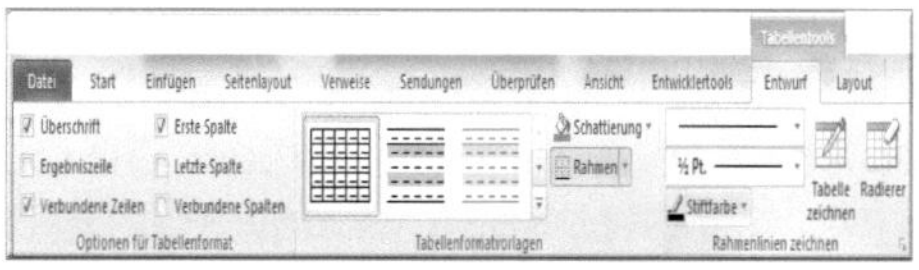

Die Gruppe **Rahmenlinien** zeichnen ermöglicht, Linien, Linienstärke und Farbe auszusuchen. Mit dem Radierer können Linien entfernt werden. Sie können auch eine komplexe Tabelle zeichnen, die unterschiedliche Zeilen oder unterschiedlich viele Spalten pro Zeile enthält. Wenn Sie auf den rechten unteren **Pfeil** klicken, so öffnet sich das Dialogfeld **Rahmen und Schattierung**.

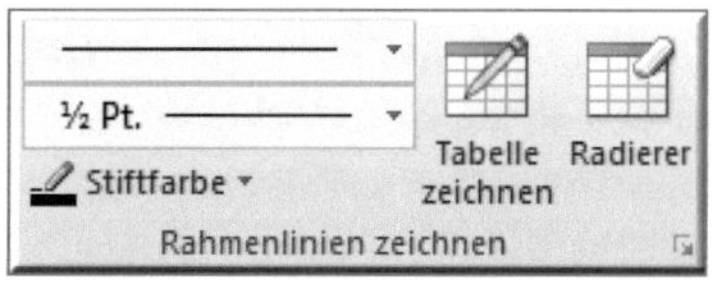

Mit der Registerkarte **Tabellentool – Layout** stellt Word Ihnen viele Werkzeuge zur Tabellengestaltung zur Verfügung.

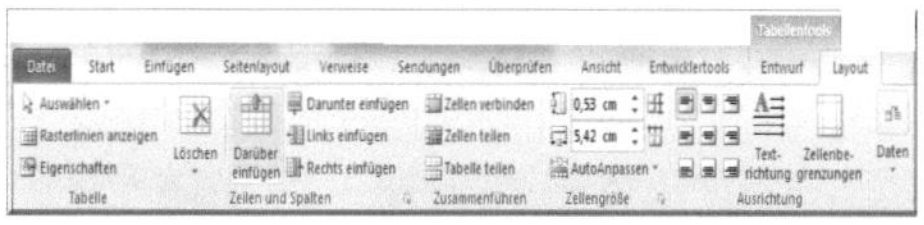

Die Gruppe **Zeilen und Spalten** ermöglicht, Zeilen und Spalten einzufügen und zu löschen.

Eine Tabelle, in der die Zeilen unterschiedlich hoch sind, wirkt sehr unruhig auf den Leser. Hier bietet die Gruppe **Zellengröße** an, Zeilen und Spalten gleichmäßig zu verteilen, um Zeilenhöhe und Spaltenbreite einander anzupassen.

Die Gruppe **Ausrichtung** ermöglicht, den Text in der Zelle an entsprechende Positionen zu bringen. Außerdem kann der Text in verschiedenen Richtungen fließen.

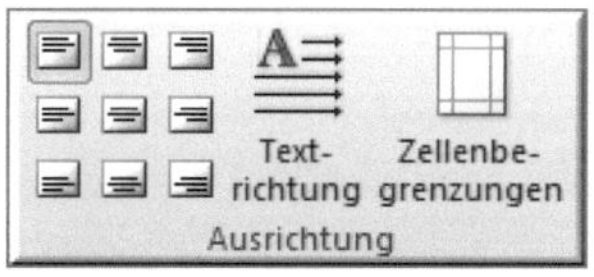

Die Gruppe **Zusammenführen** bietet Befehle, um Zellen zu verbinden, Zellen zu teilen bzw. die Tabelle zu teilen. Sie können in derselben Zeile bzw. Spalte zwei oder mehrere Zellen zu einer einzigen Zelle verbinden. S

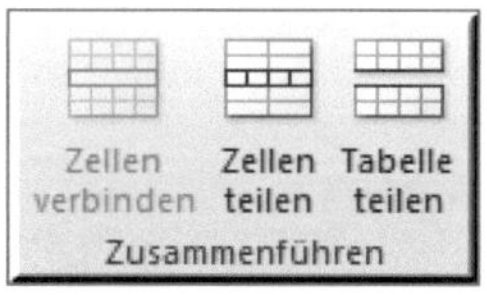

8

Lebenslauf gestalten

Öffnen Sie Ihre Dokumentvorlage „Bewerbungsvorlage". Schreiben Sie „Lebenslauf" in einem etwas größeren Schriftgrad (z. B. 16 pt).

Fügen Sie eine dreispaltige Tabelle ein, markieren Sie die Tabelle und gestalten Sie Ihren **Tabellenrahmen** – **Kein Rahmen**. Das Gitternetz/Rasterlinien sollte eingeschaltet sein.

Markieren Sie die Tabelle – gehen Sie unter **Tabelleneigenschaften**. Stellen Sie unter der Registerkarte **Spalte** – Bevorzugte **Breite** auf 7 cm, die zweite Spalte auf 1,25 cm und die dritte Spalte auf 8 cm. Anschließend stellen Sie unter Registerkarte **Zelle** – **Höhe definieren** auf 0,8 cm. Stellen Sie die **Zellenausrichtung** auf links zentriert. Verwenden Sie für jedes Leitwort eine neue Zeile. Mit der **Tabtaste** erstellen Sie eine neue Zeile.

Gestalten Sie Ihren Lebenslauf individuell. Formatieren Sie Ihren Lebenslauf so, dass die Schwerpunkte hervorgehoben werden. Dazu bietet das Textverarbeitungsprogramm vielseitige Möglichkeiten.

Lebenslauf mit mehreren Seiten

Benötigen Sie für den Lebenslauf mehrere Seiten, so teilen Sie am besten die Tabelle an der Stelle, die auf die neue Seite soll. Stellen Sie den Cusor in die erste Zelle der Zeile, die auf die nächste Seite soll.

Word 2003

Gehen Sie über das Menü **Tabelle** – **Tabelle teilen.** Die Zeilen werden getrennt.

Word 2007/2010

Gehen Sie über die Registerkarte **Tabellentools** – **Layout** – Gruppe **Zusammen führen** – **Tabelle teilen**.

Neue Seite einfügen

Für eine neue Seite drücken Sie die Tastenkombination **Strg** + **Return.**

Lebenslauf

Meine persönlichen Daten		
Geburtstag		14. April 19..
Geburtsort		Trier
Schulbildung		
Von September 20.. bis		

Lebenslauf

Meine persönlichen Daten		
Geburtstag		14. April 19..
Geburtsort		Trier
Schulbildung		
Von September 20.. bis		

Sprachkenntnisse		
Englisch		Verhandlungssicher
Französisch		Basiskenntnisse
IT-Kompetenz		
Word		...

¶

Freizeitaktivitäten		
		Wandern ...

Tabstopp setzen

Natürlich können Sie Ihren Lebenslauf auch mit Tabstopps formatieren. Dies ist allerdings umständlicher, und es gibt nicht so vielseitige Gestaltungsmöglichkeiten als mit der Tabellenfunktion.

Dazu setzen Sie die Tabtaste an Ihre gewünschte Position.

Gehen Sie auf die Registerkarte **Start** – Gruppe **Absatz** unten rechts auf das Startprogramm – Tabstopps und geben Sie im Dialogfeld **Tabstopps** die gewünschte Tabstoppposition ein.

Weiterhin ist die gewünschte Ausrichtung (links, zentriert, rechts, dezimal) anzugeben und ob Sie den Zwischenraum zwischen den Wort- oder Zahlenkolonnen mit Punkten, Strichen oder einer Linie auffüllen wollen. Bestätigen Sie Ihre Auswahl mit der Schaltfläche **Festlegen**.

Die Standardtabstopps im Abstand von 1,25 cm erscheinen im Zeilenlineal als senkrechte hellgraue Linien.

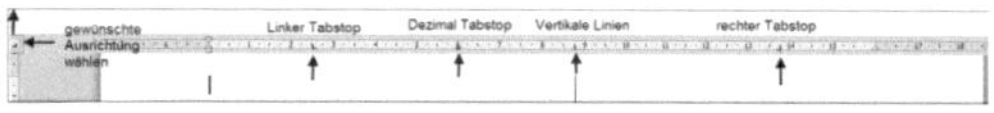

Arbeiten Sie rationell. Über das Zeilenlineal können Sie die Tabstopps sehr schnell setzen. Klicken Sie am linken Linealende die Schaltfläche an, um die gewünschte Ausrichtung des Tabulatorstopps festzulegen. Setzen Sie anschließend den Mausanzeiger an die gewünschte Position im Zeilenlineal und bestätigen Sie die Position mit der linken Maustaste.

Tabstopp verschieben. Um einen Tabstopp zu verschieben, klicken Sie mit der Maus auf den gesetzten Tabstopp und ziehen ihn anschließend mit gedrückter Maustaste an die gewünschte Position. Um einen Tabstopp millimetergenau zu setzen oder zu verschieben, muss zusätzlich zum Mausanzeiger die Alt-Taste gedrückt werden.

Ein Tabstopp im Zeilenlineal lässt sich einfach löschen, indem man mit dem Mauszeiger auf den Tabstopp klickt und mit gedrückter Maustaste den Tabstopp aus dem Lineal herauszieht und die Taste loslässt.

Aufzählung bzw. Nummerierung einfügen

Zur besseren Übersicht sollten Sie zum Beispiel im Lebensauf die Tätigkeiten mit Aufzählungen bzw. Nummerierungen auflisten. Dazu markieren Sie Ihren Text.

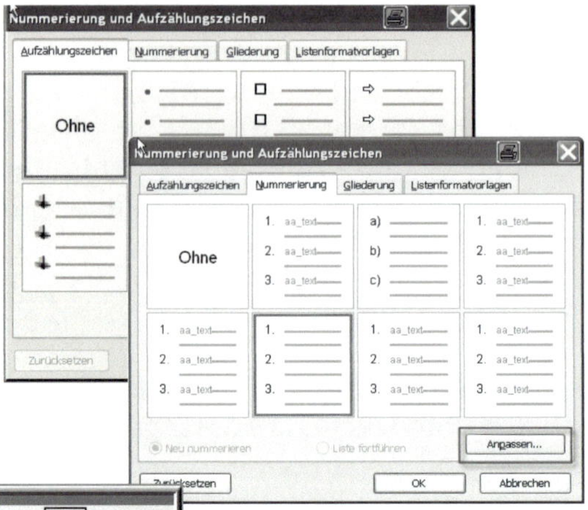

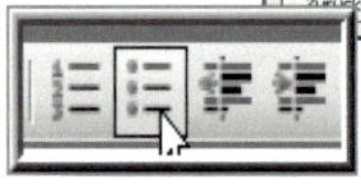

Word 2003

Unter dem Menüpunkt **Format – Nummerierung und Aufzählungszeichen** gehen Sie auf die Registerkarte **Aufzählungszeichen oder Nummerierung**. Sie klicken mit der Maus auf Ihr gewünschtes Zeichen oder Ihre Nummerierung und bestätigen mit **OK**.

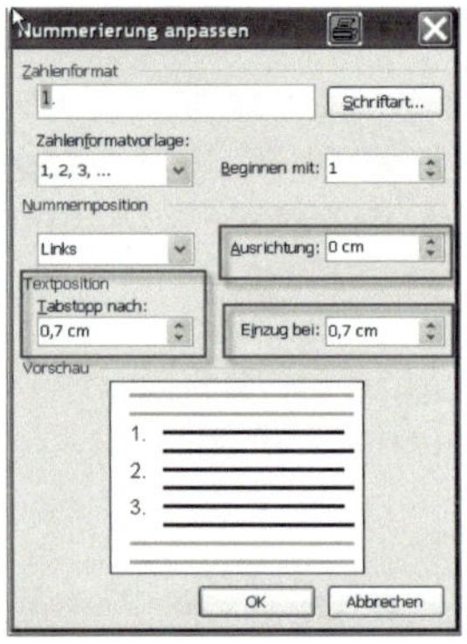

Ist das Gewünschte eingestellt, so können Sie sehr schnell über die Symbolleiste **Format** Ihre Aufzählung bzw. Nummerierung aktivieren.

Steht die Nummerierung nicht an der gewünschten Stelle, so gehen Sie über **Anpassen** in **Nummerierung anpassen**. Hier können Sie die gewünschten Abstände einstellen.

Word 2007/2010

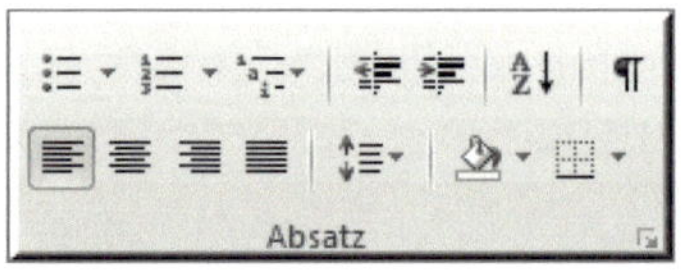

Wählen Sie in der Registerkarte **Start** – Gruppe **Absatz** – entweder den Befehl **Aufzählung** oder **Nummerierung** aus.

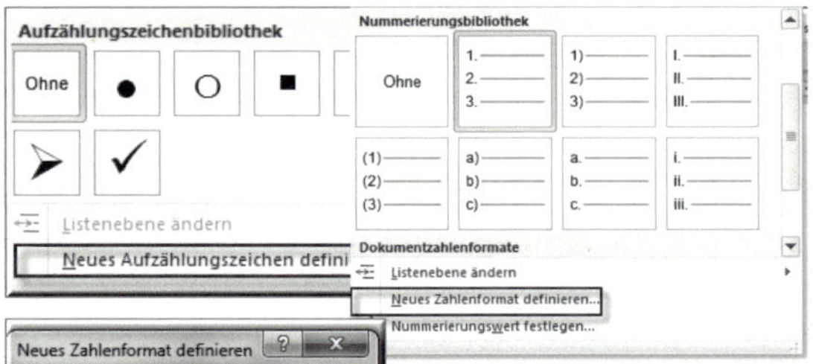

Ist das Gewünschte eingestellt, so können Sie sehr schnell über das **Symbol** – auf den **rechten Pfeil** klicken – Ihre Aufzählung oder Nummerierung aktivieren.

Wünschen Sie für die Nummerierung oder Aufzählung ein anderes Zahlenformat oder ein anderes Symbol, so gehen Sie über den Befehl **Nummerierung** auf **Neues Zahlenformat definieren** oder über den Befehl **Aufzählung** auf **Neues Aufzählungszeichen definieren.**

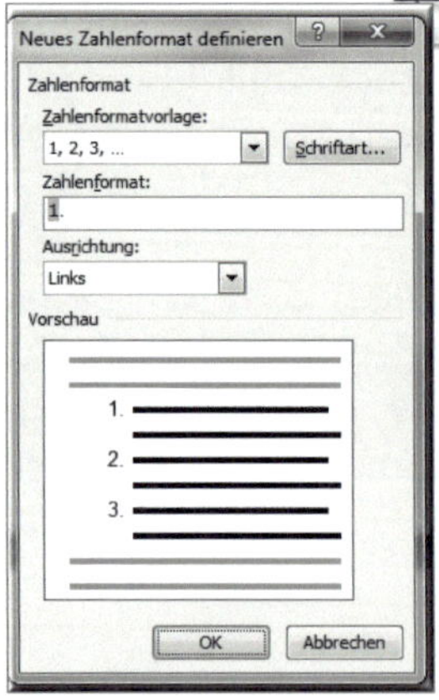

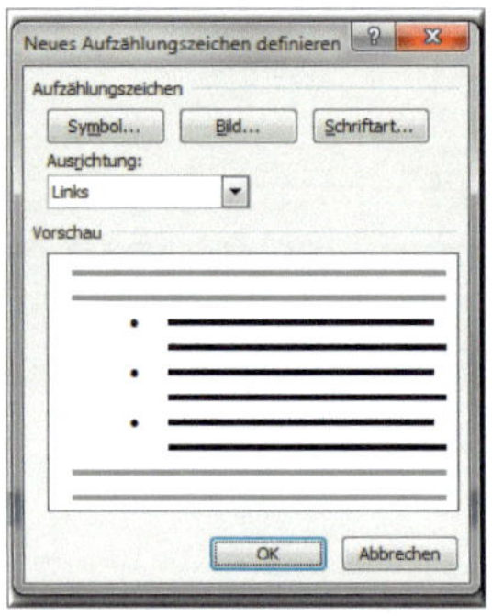

Nach der DIN 1421 steht die Aufzählung/Nummerierung links an der Fluchtlinie, und Beginn und Ende sind vom folgenden Text jeweils durch eine Leerzeile zu trennen.

Abstände vergrößern. Sie setzen eine Leerzeile zwischen die Aufzählungsglieder, indem Sie eine geschützte Zeilenschaltung SHIFT + Return vornehmen.

Listeneinzug an die Fluchtlinie anpassen. Klicken Sie mit der rechten Maustaste im Kontextmenü auf **Einzug verkleinern**.

Liste neu nummerieren. Klicken Sie mit der rechten Maustaste auf den Listeneintrag, ab dem neu nummeriert werden soll. Klicken Sie mit der rechten Maustaste im Kontextmenü auf **Neu beginnen mit 1** oder wählen Sie eine andere gewünschte Option aus.

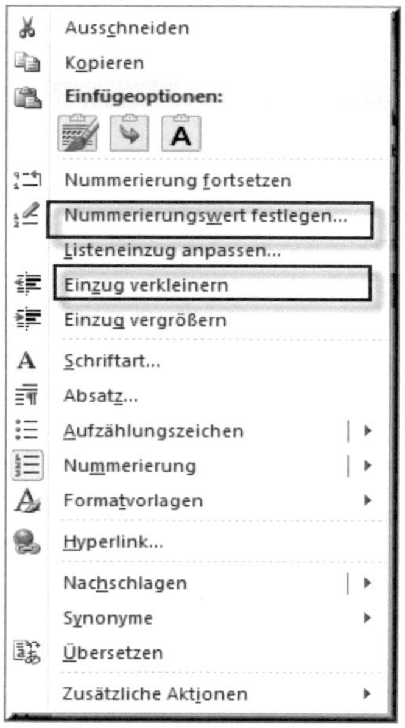

Silbentrennung aktivieren

Sie sollten grundsätzlich die Silbentrennung aktivieren, damit am rechten Rand in linksbündigen Texten die Zeilen nicht zu unregelmäßig umgebrochen werden oder im Blocksatz zu große Leerräume zwischen den Wörtern eingefügt werden. Überprüfen Sie die Trennungen immer, da sich manchmal falsche Trennungen einschleichen. Wenn Sie eine Wortkopplung wie MS-Word nie am Zeilenende trennen möchten, drücken Sie die Tastenkombination Strg + – (Bindestrich).

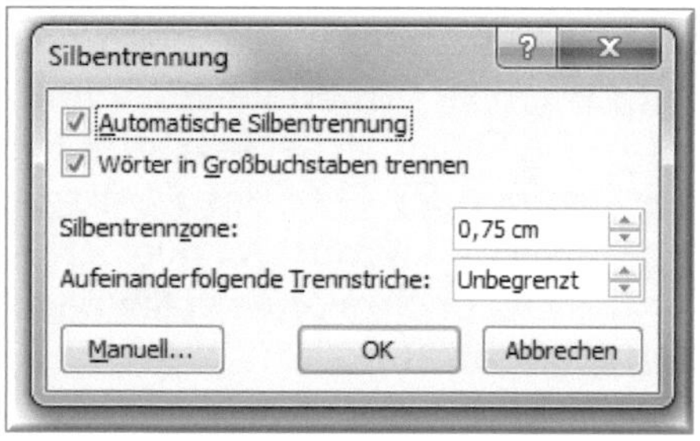

Word 2003

Gehen Sie über das Menü **Extras** – **Sprachen** – **Silbentrennung** und aktivieren Sie **Automatische Silbentrennung**.

Word 2007/2010

Gehen sie auf die Registerkarte **Seitenlayout** – Gruppe **Seite einrichten** – Schaltfläche **Silbentrennung** und aktivieren Sie **Automatisch**.

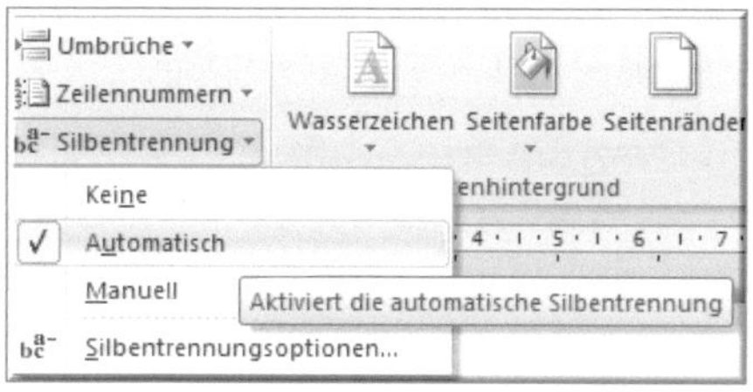

Bestimmen Sie im Dialogfeld Silbentrennung die Position am rechten Rand und geben Sie an, wie viele aufeinanderfolgende Zeilen mit einem Trennungsstrich enden dürfen.

Grafiken und Bilder einfügen

Rechts oben im Lebenslauf oder auf das Deckblatt fügen Sie ein ansprechendes Foto ein.

Word 2003

Unter dem Menü **Einfügen**– **Grafik** – **Datei aus** werden die Grafiken oder Bilder von dem entsprechenden Laufwerk/Verzeichnis gewählt und eingefügt.

Innerhalb des Textes gibt es mehrere Möglichkeiten, Grafiken zu positionieren. Sehr rationell geht es über die Schaltfläche **Textfluss** in der Symbolleiste **Grafik** oder über das Kontextmenü **Grafik formatieren – Layout.** Markieren Sie die Grafik oder das Bild und verändern Sie den Textfluss auf **Oben und unten**.

Word 2007/2010

Auf der Registerkarte **Einfügen** – Gruppe **Illustrationen** finden Sie verschiedene Elemente zum Einfügen. Klicken Sie auf das Symbol **Grafik,** so öffnet sich der Dateimanager, Sie wählen das entsprechende Laufwerk/Verzeichnis und fügen Ihr gewünschtes Bild ein.

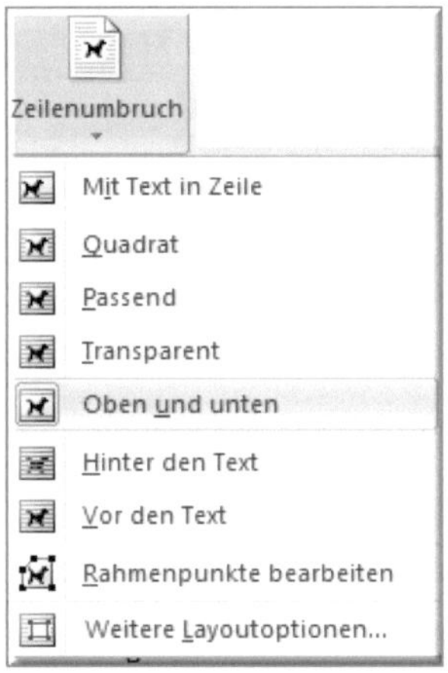

Innerhalb des Textes gibt es mehrere Möglichkeiten, Grafiken zu positionieren. Sehr rationell geht es über die Schaltfläche **Textfluss** in der Symbolleiste **Grafik** oder über das Kontextmenü **Grafik formatieren – Layout**. Markieren Sie die Grafik oder das Bild und verändern Sie den Textfluss auf **Oben und unten**.

Bildgröße verändern

Markieren Sie Ihre Grafik. Zeigen Sie mit der Maus auf die Ziehpunkte. Der Mauszeiger verändert sich in einen Doppelpfeil. Ziehen Sie mit gedrückter Maustaste einen der Ziehpunkte nach innen bzw. nach außen, um das Bild zu verkleinern bzw. zu vergrößern. Beim Ziehen wird der Mauszeiger als Pluszeichen angezeigt. Lassen Sie die Maustaste los, wenn die gewünschte Größe erreicht ist.

Seitenzahl einfügen

Word 2003

Klicken Sie im Menü – **Einfügen** – **Seitenzahlen**. Wählen Sie die Position und die Ausrichtung.

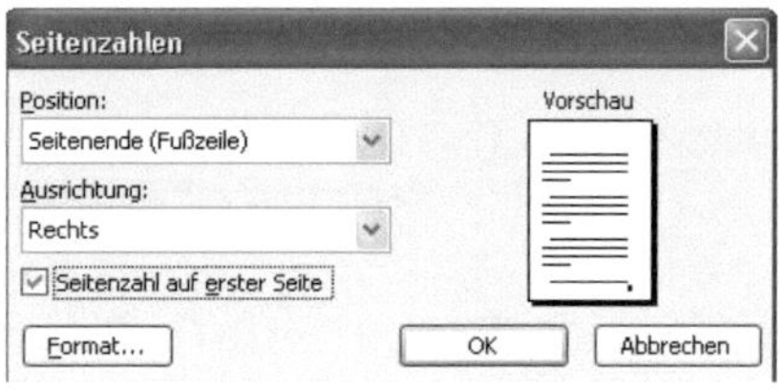

Unter **Format** erreichen Sie das Dialogfeld **Seitenzahlformat**. Hier finden Sie eine Auswahl von verschiedenen Zahlenformaten.

Word 2007/2010

Diesen Befehl finden Sie unter der Gruppe **Kopf- und Fußzeile** – **Seitenzahl** – **Seitenzahlen**.

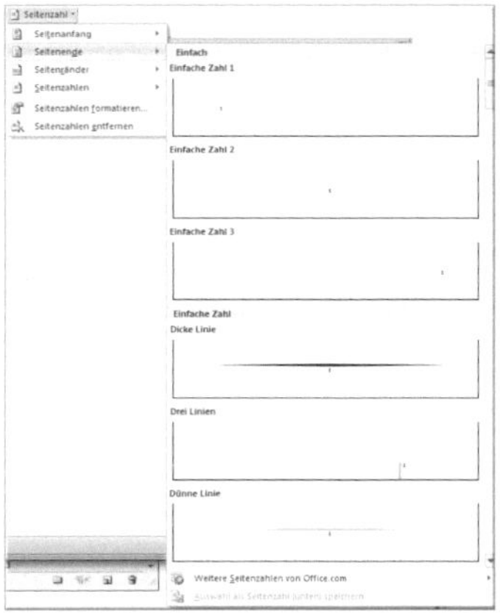

Klicken Sie auf den Eintrag **Seitenende,** wählen Sie im Untermenü den Eintrag **Einfache Zahl**.

Klicken Sie auf die Schaltfläche **Kopf- und Fußzeile schließen** – oder klicken Sie doppelt in den Textbereich.

Datei drucken

Überprüfen Sie Ihre Dokumente in der Seitenansicht und gehen Sie über **Datei** – **Drucken** –**Drucken**.

PDF-Datei erstellen

Die Online-Bewerbung versenden Sie am besten in den kilobytesparenden PDF-Dateien – außerdem ist es schwieriger, sie zu manipulieren. Diese Dateien werden mit dem Acrobat Reader gelesen – dieses Programm befindet sich auf fast allen Rechnern.

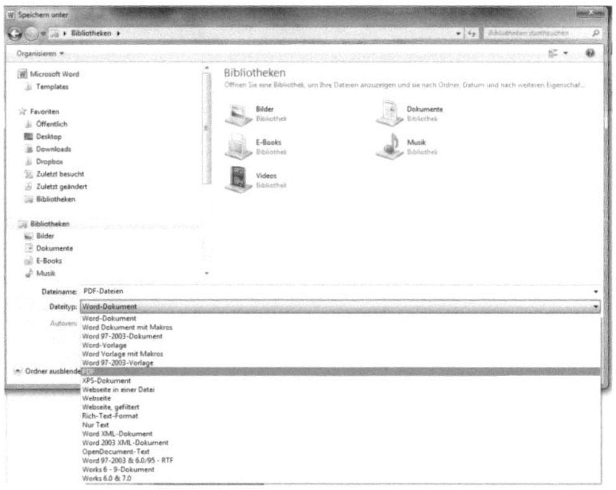

Erstellt werden die PDF-Dateien mit einem PDF Creator. Dieses Programme können Sie kostenlos downloaden.

Ab Word 2007 ist ein PDF-Umwandlungs-Programm integriert und der Download ist kostenlos.

Speichern Sie Ihre Datei unter dem Dateityp **PDF** ab.

Ahrens, A. (2009) *Ausbildung, Studium, Praktika, Jobs, Uni + Karriere.* Gefunden am 6. März 2012 unter http://www.stellenboersen.de.

BBS 11 Hannover (2002). *Mit Methoden lernen. Ein Angebot für Interessierte.*

Buchberger, C. (2011-1). *TALENTS - Die Jobmesse.* bmv Consulting GmbH Hamburg. Gefunden am 29. November 2011 unter http://www.talents.de/karriere-magazin/richtig-bewerben/die-bewerbungsmappe.html.

Buchberger, C. (2011-2). *TALENTS - Die Jobmesse.* bmv Consulting GmbH Hamburg. Gefunden am 29. November 2011 unter http://www.talents.de/bewerber/tipps-fuer-die-messe/lebenslauf.html.

Braun, H. (2008). *Aspekte zur Körpersprache.* Gefunden am 24.01.2008 unter http://lehrerfortbildung-bw.de/kompetenzen/projektkompetenz/durchfuehrung/abschlusspraes/koerpersprache/praesentation.htm.

Bundesagentur für Arbeit (2011). *Total dual. Duale Studiengänge, Sonderausbildungen & Co. abi - dein weg ins studium und beruf.* Nürnberg: Willmy Consult & Content GmbH.

Dedecek, R. (2008). *Vorüberlegungen zur Präsentation.* Gefunden am 5. Februar 2008 unter http://magic-point.net/fingerzeig/praesentation/praesentation-ausfuehrlich/vorueberlegungen/vorueberlegungen.html; und: *Formen des Manuskripts.* Gefunden am 8. Februar 2008 unter http://magic-point.net/fingerzeig/praesentation/praesentation-ausfuehrlich/manuskript/manuskript.html.

DIN 1421 Norm DIN 1421 Januar 1983. *Gliederung und Benummerung in Texten: Abschnitte, Absätze, Aufzählungen.*

Eckert, N. (2012).*Youca. Das Karriere Magazin. Spielregeln für die Oneline-Welt: Online-Bewerbung, Facebook & Co.* Düsseldorf: Yourcareergroup AG.

Felser, M. W. (2012). *Welche Fragen sind im Bewerbungsgespräch erlaubt?.* Gefunden am 1. März 2012 unter http://www.fragerecht.de/information-fragerecht/index.html.

Frey, K. (1996). *Der Weg zum bildenden Tun.* Weinheim/Basel: Beltz.

Glaubitz, U. (2011). *Warum kann ich mich nicht für einen Beruf entscheiden?* Gefunden am 24. 02.2012 unter http://www.zeit.de/campus/2012/s1/entscheiden-interview.

Gralki, H. (2010). *Wie gestalte ich meinen Vortrag?.* Gefunden am 4. Juni 2010 unter http://www.staff.uni-marburg.de/~kersting/lehre/gralki98.htm.

Garms, D. , Uhlig, M. (2009) *Das Bewerbungsfoto.* Gefunden am 26. März 2012 unter http://www.praktikumsanzeigen.info/bewerberinfos/bewerbungsfoto.html.

Hankes, J. & Ollenik, J. (2009). *Tipps und Übungen zum Assessment-Center.* Gefunden am 29. Februar 2012 unter http://www.ruv.de/de/r_v_ratgeber/ausbildung_berufseinstieg/bewerbung/2_bewerbungac.jsp.

Haseke, M-Ch. (2011). *Einladung zu einer Bewerberrunde – E-Mail.* Karlsruhe: Targobank AG & Co. KGaA, Ausbildungsabteilung.

Hofert, S. (2009). *Praxismappe für die perfekte Internet-Bewerbung. E-Mail-Berwerbung, Online-Formulare, Online-Assessment, Online-Bewerbung auf Englisch.* Frankfurt am Main: Eichborn Verlag.

Klenk, G. (2010). *Crosswater Job Guide.* Gefunden am 6. März 2012 unter http://crosswater-job-guide.com.

Lobin, H. (2011). Die ideale Präsentation. Gefunden am 9. Mai 2012 unter http://www.sueddeutsche.de/kultur/praesentationsprogramm-powerpoint-welch-ein-folien-theater-1.129644-2.

Manthei, H., Schiecke, D., Schieke, V. & Walter, S. (2007) PowerPoint aktuell (Hg.). *Präsentieren ist mehr als reden und zeigen – so aktivieren Sie Ihr Publikum.* Ausgabe 8/2007. Bonn: VNR Verlag für die Deutsche Wirtschaft AG.

Manthei, H., Schiecke, D., Schieke, V. & Walter, S. (2008) *PowerPoint aktuell* (Hg.). Ausgabe 1 - 12/2008. Bonn: VNR Verlag für die Deutsche Wirtschaft AG.

Mattes, W. (2002). *Methoden für den Unterricht.* Paderborn: Schöningh.

Mayer, M. (2000). *Einführung in die Präsentation.* Gefunden am 4. Juni 2010 unter home.schule.at/teaching/art/Infoblaetter/Präsentation.rtf.

Literaturverzeichnis

Mayer, L. & Gebley, S. (2001). *Projekt und Präsentation*. Linz: Trauner Verlag.

Metzger, C. (2008). *Lern- und Arbeitsstrategien. Ein Fachbuch für Studierende an Universitäten und Fachhochschulen.* (10. Aufl.). Oberentfelden: Sauerländer Verlage AG.

Milz, J. (2009-1). *Ihre Bewerbungsunterlagen erstellen.* Gefunden am 26. November 2011 unter http://www.infoquelle.de/Job_Karriere/Bewerbung/Bewerbungsunterlagen.php.

Pabst-Wienschenk, M. (2004) *Spielregeln für die gemeinsame Projekt-Arbeit - Team-Vertrag.* Gefunden am 20. Juni 2008 unter http://www.uni-duesseldorf.de/muendlichkeit/Projekt-Netz/regeln.htm.

Püttjer, Ch. & Schnierda, U. (2011) *Ihre beste Bewerbung. Perfekte Unterlagen im Originalformat. Mit Insiderkommentaren.* Frankfurt. Campus Verlag.

Püttjer, Ch. & Schnierda, U. (2008) Souverän im Assessment-Center. Frankfurt. Campus Verlag.

Püttjer, Ch. & Schnierda, U. (2003) *Die Bewerbungsmappe mit Profil. Für Führungskräfte.* Frankfurt. Campus Verlag.

PZ Rheinland-Pfalz. (2009). *Handreichung zur höheren Berufsfachschule.* Pädagogisches Zentrum Rheinland-Pfalz.

Redenwelt (2008). *So gestalten Sie Präsentationen als Blickfang.* Gefunden am 20. Februar 2008 unter http://www.redenwelt.de/rede-tipps/medieneinsatz.html.

Schiecke, D., Becker T. & Walter, S. (2006). *Das Ideenbuch für kreative Präsentationen.* Unterschleißheim: Microsoft Press Deutschland.

Schneider, A. (2010). *Mit den besten Interviewfragen die besten Mitarbeiter gewinnen.* Zürich: Praxium-Verlag.

Schönherr (2004). *Wovon 80 % Ihres Erfolgs bei Präsentationen abhängen.* Gefunden am 29. Januar 2008 unter http://schoenherr.de/download/pdf-06-tipp_005.php.

Schwoppe, A. (2008). *Eine Präsentation nachbereiten.* Gefunden am 10. Januar 2008 unter http://www.selbstmanagen.de/Selbstmanagement/Prasentation/prasentation.html.

Seifert, J. (2000). *Visualisieren Präsentieren Moderieren.* (15. Aufl.). Offenbach: Gabal Verlag.

Täubner, M. (2011). *„Reinschnuppern bringt gar nichts".* Frankfurter Allgemeiner Hochschulanzeiger 11/2011. Frankfurt.

Tille, B. (2008). *Schlüsselqualifikationen werden im Beruf immer wichtiger.* Gefunden am 7. Mai 2008 unter http://www.nlp-trainings-tille.de/nlp/blog/schluesselqualifikationen-werden-im-beruf-immer-wichtiger-397.html.

Walter, S. (2007). *Präsentionen mit PowerPoint 2007.* München: Markt + Technik Verlag.

Widmer, M. (2007). *PowerPoint für Fortgeschrittene.* Gefunden am 14. Dezember 2008 unter http://www.wings.ch/images/LP_PowerPoint_F_03.pdf.

Winter, F. (2004). *Leistungsbewertung. Eine neue Lernkultur braucht einen anderen Umgang mit den Schülerleistungen.* Hohengehren: Schneider Verlag.

A

Abitur 31
Abiturientenausbildung 32
Absender in der Kopfzeile gestalten 84
Analyse-Checkliste 71
Anforderungen an die Bewerbungsunterlagen 39
Anforderungsprofil 37
Anlagen zur Bewerbung 56
Anschauungsmaterial 81
Arbeitstechniken
  Markieren 69
  Strukturieren 2, 70
  Visualisieren 70
Arbeitszufriedenheit 29
Assessment-Center 18, 20, 21, 23, 63
Aufbau eines Bewerbungsanschreibens 51
Auftreten 27
Aufzählung 90
Aufzählungszeichen 90
Ausbildung als Industriekaufmann 13
Ausbildungsberufe 36
Ausbildungsbetrieb 31
Ausbildungsintegrierter dualer Studiengang 32
Ausbildungsmessen 35
Außenkreis 74
Äußeres Erscheinungsbild 18, 19, 20, 21, 62

B

Berufliche Ausbildung 31
Berufsausbildung 31
Berufsbild 30
Berufsinformations-Veranstaltungen 1, 8, 35
Berufsinformationszentrum (BIZ) 36
Berufsorientierung 26
Berufsrelevante Kompetenzen 2, 26
Berufswahl 7
Berufsweg 1, 26
Berufwahl 31
Betriebserkundung 35
Beurteilungsbögen 31
Bewerberrunde 20
Bewerbung - Ausbildung Industriekaufmann 53
Bewerbung mit Online-Formularen 59
Bewerbung per Post 4, 14
Bewerbungsanschreiben 10, 13, 16, 50
Bewerbungsanschreiben für Berufseinsteiger 4
Bewerbungsfoto 49
Bewerbungsgespräch 18, 24
Bewerbungsgespräche 61
Bewerbungsmappe per Post 56
Bewerbungsunterlagen 13, 39
  Äußere Form 40
  Innere Form 39
Bewerbung zur Industriekauffrau 55
Bewertungsraster – Praktikumsmappe 6
Bibliotheksführung 35
Bilder einfügen 92
Bildgröße verändern 92
Brainstorming 75
Branchenspezifische Stellenbörsen 38
Branchenübergreifende Stellenbörsen 38
Bühnenbild 81

C

Checkliste 12, 19, 20, 23
Checklistentechnik 71
Corporate Design 11, 16, 40
Crosswater-Portal 38

D

Datei drucken 93
Datei-Ordner für Bewerbungskorrespondenz 56
Dateityp 85
Deckblatt 14, 30, 49
DIN 1421 90
Diskriminierungsmerkmale 68
Diskussionsfähigkeit 26
Diskussionsrunde 23
Dokumentvorlage 11
Dokumentvorlagen erstellen 85
Duales Studium 32
  Ausbildungsintegrierter dualer Studiengang 32
  Berufsintegrierter dualer Studiengang 32
  Kooperativer dualer Studiengang 32

E

EDV-Kenntnisse 46
Eigenverantwortlich handeln 65
Eigenverantwortlichkeit 27
Eignungstest 31, 63
Einfühlungsvermögen 28
Einsatzfreude 28
Einstiegsfragen 66
E-Mail-Anhang 58
E-Mail-Bewerbung 4, 60
E-Mail-Bewerbung versenden 58
E-Mail-Signatur 15
Emotionale Grundhaltung 29

Entscheidungsvorlagen 65
Erinnerungs-Checklisten 71
Erwartungen an das Praktikum 30
Europass-Lebenslauf 16
Expertengruppe 73

F

Facebook 37
Fachgebundene Hochschulreife 31
Fachhochschulreife 31
Fachliche Anforderungen 54
Fachliche Kompetenz 72
Fachverantwortlicher 24
Flexibilität 29
Flipcharts 79
  Einsatzmöglichkeiten 79
  Regeln 79
Fluchtlinie 90
Foliengestaltung 80
Foto 14
Fragen zum Gehalt 67
Fremdeinschätzung 1

G

Gegenstände 81
Gehaltsvergleich 38
Gesprächsregeln Teil 1 64
Gesprächsregeln Teil 2 65
Gestik 81
Gleichbehandlungsgesetz 68
Grafiken einfügen 92
Grafik formatieren 92
Grafische Mittel 70
Gruppendiskussion 18, 22, 64
Gruppenpuzzle 1, 73
  Expertengruppe 73
  Stammgruppe 73

H

Hard Skills 1, 2, 3, 26
Hochformat 82
Homepage der Unternehmen 37

I

Ich-Botschaften 64
Illustrationen 92
Informationsveranstaltungen an Universitäten 35
Informationsveranstaltungen in Schulen 35
Initiativbewerbung 4, 10, 60
Initiative 28
Innenkreis 74

J

Jobbörsen 38
Jobsuchmaschinen 38

K

Kartenabfrage 76
Kennziffer 15
Klärende Fragen 67
Kommunikative Kompetenz 26
Kompetenzorientierter Lebenslauf 40
Kompetenz-Portfolio 9, 17, 25
Konsensfähigkeit 26
Kontaktfähigkeit 27
Kontakt über die Unternehmenshomepage 60
Kopf- und Fußzeile 11, 83
Kopfzeilenbereich 83
Körperhaltung 81
Körpersprache 64, 81
Kreativität 70
Kritikstabilität 28
Kugellager 74

L

Lebenslauf 4, 10, 11, 40
Lebenslauf als Berufseinsteiger 41
Lebenslauf-Formular 16
Lebenslauf gestalten 88
Lebenslauf mit Berufserfahrung 45
Lebenslauf mit mehreren Seiten 88
Lebenslauf – Musterbeispiel - Ausbildung 43
Lebenslauf - Musterbeispiel - Berufserfahrung 47
Leistungsdrang 27
Leittextmethode 69, 72

M

Manual für die Berufsorientierung 26
Manual für professionelle Bewerbungsgespräche 61
Markieren 2, 69
Meine Vorlagen 85
Metapher 64, 81
Methodenkompetenz 67, 72
Mimik 81
MindManager-Software 78
MindMap 7, 77

Misserfolgstoleranz 29
Mittlere Reife 31
Modell der vollständigen Handlung 72
  Ausführen 72
  Bewerten 72
  Entscheiden 72
  Informieren 72
  Kontrollieren 72
  Planen 72
Moderation 76
Moderationskarte 23
Moderatorenteam 76
Morphologische Analyse 21
Motivation 27
Musterbewerbung - Neumann Arzneimittel AG 19
Musterbewerbung - Wagner AG 19

N

Neue Seite einfügen 88
Neues Zahlenformat definieren 90
Nummerierung 90
Nummerierung anpassen 90

O

Online-Assessment-Center (O-AC) 63
Online-Bewerbung 10, 15, 57
Online-Bewerbungs-Formular 15
Online-Formulare 59
Online-Lebenslauf 16
Organigramm 70
Overheadfolien gestalten 80

P

PDF-Datei 15, 93
PDF-Umwandlungs-Programm 93
Personalberatungen 38
Personalkompetenz 1, 26
Personalverantwortliche 19, 37, 40, 45, 50, 51, 57, 60
Persönliche Fähigkeiten 54
Persönliche Soft Skills 3
Persönlichkeitstests 63
Piktogramm 70
Pinnwand 76
Plakate 79
  Einsatzmöglichkeiten 79
  Regeln 79
Planungsaufgaben 65
Praktikum 1, 4, 30
Praktikum durchführen 4, 30
Praktikum nachbereiten 5, 31
Praktikumsbescheinigung 31
Praktikumsbetriebe 30
Praktikumsstelle 30
Praktikumsteilnahme 31
Praktikum vorbereiten 4, 30
Printmedien 37

Q

Querformat 82

R

Rahmen gestalten 86
Rahmenlinien zeichnen 87
Randbemerkungen 69
Randkommentare 69
Randnotizen 7, 11
Rechtschreibprogramm 82
Recruiting 38
Recruiting Days 36
Referenzrahmens für Sprachen 46
Regeln für die Foliengestaltung 80

S

Schnupperpraktikum 30
Schwächen 26
Seite einrichten 82, 91
Seitenlayout 82
Seitenlayout-Ansicht. 83
Seitenränder 82
Seitenzahl 83, 93
Selbsteinschätzung 3
Selbstpräsentation 18, 64, 81
Selbstsicherheit 29
Selbst- und Fremdbeurteilung 1
Selbstvertrauen 27
Signatur 57
Silbentrennung 91
Soft Skills 1, 2, 3, 7, 26, 33, 34, 37
Sonderausbildung 32
Sortierkriterien 76
Soziale Kompetenz 26
Soziale Netzwerke 37
Sozialkompetenz 72
Spalten löschen 86
Speichern unter 85
Spielregeln für das Team 20, 22
Sprache 81

Sprachenkompetenz 40
Sprachkenntnisse 46
Sprachkompetenzen 46
Sprechausdruck 64
Stammgruppe 73
Stärken 26
Stärken und Schwächen 3
Stärke-Schwäche-Profil 3, 26
Statusmotivation 28
Stellenanzeigen 37
Stellenausschreibung (Ausbildung) 52
Stellenausschreibungen 12, 37
Stellenausschreibung Industriekaufleute 54
Stellenbeschaffung 12
Stellenbörsen 38
Stellen-Portal 38
Stressfragen 67
Strukturieren 70
Studienanfänger 34
Studieninteressierte 35
Studium 34
Suchstragien 69
Symbole einfügen 84
Systematik 28

T

Tabelle 87
Tabellen gestalten 86
Tabellentool 87
Tabelle schattieren 86
Tabstopp 89
Tabstopp verschieben 89
Tabtaste 88
Teamverhalten 23
Telefoninterview 18, 61
Telefonischer Kontakt 60
Texte markieren 69
Textfluss 92
Tipps zur professionellen E-Mail-Bewerbung 57
TOEFL® –Punktzahl 46
Twitter 37
Typografische Mittel 70

U

Unternehmens-Auswertungs-Raster 4, 12, 39
Unternehmensprofil 4, 10
Unternehmen unter die Lupe nehmen 38
Unzulässige Frage 68

V

Visualisieren 70
Vorstellung des Betriebes 30
Vorstellungsgespräch 24, 66

W

Wege der Stellensuche 37
Wege in den Beruf 7
Wertschätzung 66
Wordfunktionen 11
Word-Vorlage 85

X

XING 37

Z

Zeilen einfügen 86
Zeilenlineal 89
Zeilen löschen 86
Zellenausrichtung 86
Zellengröße 87
Zellen verbinden 86, 87
Zeugniserläuterungstabelle 16
Zielgruppenanalyse 39
Zielvereinbarung 3

Handlungsprodukte der Lernaufgaben		
1	**Lernsituation**	**Sich gezielt im Beruf orientieren**
1.1	Lernaufgabe	Merkblatt über Hard- und Softskills
1.2	Lernaufgabe	Stärke-Schwäche-Profil
1.3	Lernaufgabe	• Unternehmens-Auswertungs-Raster • Lebenslauf (Lernaufg • abe 2.1) • Bewerbungsanschreiben (Lernaufgabe 2.3) • Praktikumsbericht • Praktikumsmappe • Erfahrungsberichte
1.4	Lernaufgabe	Wege der Ausbildung
1.5	Lernaufgabe	Berufsinformationskatalog
1.6	Lernaufgabe	Kompetenz-Portfolio-Reflexion
2	**Lernsituation**	**Professionelle Bewerbungsmappen erstellen**
2.1	Lernaufgabe	Kompetenz- und tätigkeitsorientierter Lebenslauf
2.2	Lernaufgabe	• Checkliste über die verschiedenen Wege der Stellenbeschaffung • Unternehmens-Auswertungs-Raster
2.3	Lernaufgabe	• Bewerbungsanschreiben • Deckblatt mit Foto • Bewerbungsmappe
2.4	Lernaufgabe	• Online-Bewerbung • E-Mail-Signatur
2.5	Lernaufgabe	Auslandsbewerbungsunterlagen
2.5	Lernaufgabe	Kompetenz-Portfolio – Reflexion
3	**Lernsituation**	**Bewerbungsgespräche umfassend vorbereiten**
3.1	Lernaufgabe	Gesprächsnotizen zur Vor- und Nachbereitung des Telefoninterviews
3.2	Lernaufgabe	• Aushang für die passende Bekleidung beim Vorstellungsgespräch • Dos und Don'ts beim Bewerbungsgespräch
3.3	Lernaufgabe	• Morphologische Analyse für die Selbstpräsentation • Selbstpräsentation • Handout
3.4	Lernaufgabe	• Checkliste für Gesprächsregeln bei einer Gruppendiskussion • Nachbereitung des Verhaltens bei der Diskussionsrunde
3.5	Lernaufgabe	• Frage-Antwort-Katalog zum Bewerbungsgespräch • Bewerbungsgespräche
3.6	Lernaufgabe	Kompetenz-Portfolio – Reflexion

Weitere Arbeitsbücher der Unterrichtsserie

Brämer/Blesius

Fit für die Präsentation

Arbeitsbuch mit Lernarrangements für Kommunikations- und Präsentationskompetenz

ISBN 978-3-942264-02-0
116 Seiten

Brämer/Blesius

Fit für das Projektmanagement

Arbeitsbuch mit Lernarrangements für Planungs- und Organisationskompetenz

ISBN 978-3-942264-00-6
140 Seiten

Brämer/Blesius

Fit für die wissenschaftliche Arbeit
Arbeitsbuch mit Lernarrangements für Selbst- und Wissenschaftskompetenz

ISBN 978-3-942264-06-8
176 Seiten

Made in the USA
Monee, IL
09 May 2026

49766066R00069